Das Jahr 2020⁺

Franz Müntefering

Das Jahr 2020+

Übers Einmischen, Mittun und **ein gutes Stück Leben** auch im Ältersein

Bibliografische Information der Deutschen Nationalbibliothek
Die Deutsche Nationalbibliothek verzeichnet diese Publikation in der
Deutschen Nationalbibliografie; detaillierte bibliografische Daten sind im
Internet über *http://dnb.dnb.de* abrufbar.

ISBN 978-3-8012- 0580-5
(Auch als eBook erhältlich: ISBN 978-3-8012- 7028-5)

Copyright © 2020 by
Verlag J. H. W. Dietz Nachf. GmbH
Dreizehnmorgenweg 24, D-53175 Bonn

Umschlag: Petra Bähner, Köln
Umschlagfoto: Michael Gottschalk
Satz: Rohtext, Bonn
Druck und Verarbeitung: CPI books, Leck
Alle Rechte vorbehalten
Printed in Germany 2020

Besuchen Sie uns im Internet: **www.dietz-verlag.de**

Düsseldorf, 1994

Johannes Rau: »Du formulierst oft komisch.
Die Sätze sind nicht vollständig.
Die Bilder darin manchmal seltsam.«

Ich: »Aber die Leute verstehen, was ich sagen will.«

Johannes Rau: »Ja, das stimmt. Rede weiter.«

Inhalt

Im Jahr 2020

Erlebt hat man in seinen 80 Lebensjahren schon so allerhand. Corona-Virus und dessen Folgen erst jetzt. Man hätte gerne darauf verzichtet. Aber nun wird man sich an 2020 für den Rest seines Lebens erinnern. In einer großen Gemeinsamkeit mit so ziemlich allen Menschen, die jetzt leben.

Und das Virus ist ja noch nicht wirklich wieder in der Flasche und die Frage nicht beantwortet: Ist das nun ein singuläres Ereignis oder doch eine Zeitenwende? Und kann das Jahr 2020 trotz allem mit einer Tendenz zur Zuversicht enden – also 2020⁺? Also plus?

Die Pandemie endet nicht, wenn und weil Politik das so beschließt, sondern wenn wir als Staaten und Gesellschaften, als Menschheit sie weltweit verlässlich beenden können und das auch tun. Das wird früher oder später gelingen, wohl eher später als wir hoffen. Auf jeden Fall sind die Konsequenzen, die mit dieser Pandemie ausgelöst wurden, ganz außergewöhnlich und schlimm.

Einige kennen wir schon: Tote und Schwerkranke und Infizierte in großer Zahl, täglich neue. Kinder und Schüler, die darunter leiden. Menschen, die arbeitslos werden oder in Kurzarbeit sind. Unternehmen, die wanken. Familien, ratlos vor ihren Problemen. Pflegebedürftige in Heimen, die isoliert in ihren Zimmern ausharren müssen. Die Aktiven im Gesundheits- und Pflegebereich, die in Hetze und großer Sorge um die Menschen sind, denen sie helfen, die sie betreuen. Politik, die versucht, die Fäden in ihren Händen zu halten und an allen wesentlichen Stellen hilfreich zu sein. Permanente Operation am offenen Herzen darf man das wohl nennen.

Die wirkliche systematische Aufarbeitung, die verlässliches und umfassendes Faktenwissen braucht, wird von neuem dringendem Handlungsbedarf begleitet. Tägliche Analyse und tägliches Handeln parallel, anders geht es nicht. Und dabei Orientierung behalten und den richtigen Ausgang aus dem Dilemma finden. Und das überall und zeitgleich auf dem ganzen Planeten mit der Gefahr, sich zu konterkarieren. Und vorbei ist der Ausnahmezustand ja noch nicht. Neue Wellen sind nicht auszuschließen.

Wie bei einem Jahrhundert-Orkan oder -Hochwasser gab es in Deutschland intensive Rettungsaktionen und begannen Aufräumarbeiten mit dem Ziel der kalkulierten schrittweisen Normalisierung. Die Routine versuchte, sich derweil Schritt für Schritt wieder in den Vordergrund zu schieben und das war und ist wichtig und richtig so.

Aber ob der neue Alltag dem alten wirklich voll gleichen kann, das muss sich erst zeigen. Und vorher sollten wir für uns klären, ob er das auch soll. Das eine oder andere im Jahr 2020, was Hetze und Alltagstaktung und Zeit und die Vorteile vertrauenswürdiger Medien angeht zum Beispiel, ist ja doch beachtenswert auch für die Zukunft. Man kann sagen: eine Chance. Als Sternstunde unserer Demokratie habe ich die Corona-Krise nur einmal in den Überschriften gesehen. Sternstunde? Ich bleibe bei: Chance. Ich denke, das ist doch ehrlicher. Immerhin, also werden nun Erfahrungen ausgetauscht, Lehren gezogen, Konsequenzen beschlossen, Vorbereitungen getroffen, Schritte gewagt. Die Gegenwart wird bewältigt, die Zukunft begonnen. In Permanenz.

Gegenwart ist kurz. Dann ist sie Vergangenheit und die Zukunft wird für kurze Zeit Gegenwart. Eine Pause dazwischen gibt es nicht wirklich, auch wenn unser Kopf uns das sagt.

Auch nicht bei Corona. Das bewahrheitet sich gerade. Und es gibt auch keine bequeme Loge für passive Zuschauer, denn es gibt nur mehr oder weniger Betroffene und Beteiligte. Mancherlei Turbulenzen könnten zum Absturz führen. Muss aber nicht sein. Wir brauchen heißes Herz und kühlen Kopf, dann kann das Jahr mit dem kleinen + enden. Ideen, Mut, Einsatz. Alle Kraft. Dann kann es gelingen. Kann!

Mehr wissen wir bis jetzt noch nicht verbindlich im Herbst 2020. Totale Sicherheit gibt es bekanntlich nie und auch diesmal nicht. Aber Resignation wäre so falsch wie Übermut.

Corona hat uns getroffen. Und es gibt Dinge, die es besser nicht gäbe, an denen man trotzdem klüger werden kann. Wenn Corona kein Lehrstück wäre ... Auch weil es ein globales Ereignis ist. Die sichere Entfernung, die wir mitten in Europa seit über 70 Jahren meistens als Sicherheitsabstand hatten, wenn irgendwo auf der Erde extreme Not und Seuchen, Erdbeben oder Kriege, Hurrikans oder Tsunamis ausbrachen, die gibt es diesmal nicht. Betreten sein, Mitleid haben mit fernen Betroffenen, Spenden schicken und praktische Hilfe, das alles reicht nicht. Unser eigener Alltag ist massiv betroffen, das heißt: unser eigenes Leben. Auch unsere Demokratie, die (auch unabhängig von Corona) dringend Frischluft braucht.

Seit die unmittelbaren Sorgen um die gefährdete Gesundheit ihre apokalyptische Dimension verlieren, gewinnen ökonomische und finanzielle und soziale Fragen volle Aufmerksamkeit: Existenzfragen, für Individuen, für Unternehmen, für Arbeitsplätze, für Selbstständige, für Kultur, Dienstleistung und Handel, für Einkommen und Lebensunterhalt, für Staaten in Europa und auf dem gesamten Erdkreis.

Es geht um die Wohlstandsfähigkeit generell und um die gerechte Verteilung. Das ist alles von größter Relevanz und aller Anstrengung wert. Nochmal: weltweit.

Es ist dabei nicht so, dass es Warnungen vor Pandemien und tödlichen Epidemien auf der Erde in den jüngeren Jahren nie gegeben hätte. Und Tote in fünf- und sechsstelligen Zahlen auch, aber eben ganz überwiegend in »fremden« Ländern. Da war doch was?! Mit HIV[1], mit Schweinegrippe[2]. Ja, das nehmen wir weiter ernst, aber das waren Ausreißer, die wieder unter Kontrolle sind. Oder? Anderes schien der Menschheit und auch uns in Deutschland eiliger und wichtiger. Die Pest? Ach, die Pest. Ein geschichtliches Ereignis, eine Tragödie aus einer verratteten Zeit. Stoff für Romane. Die Ratten sind dezimiert. Wenn die Viren doch nur nicht so klein wären. Wenn man doch Fallen für sie aufstellen und auf sie schießen könnte oder sie vergiften.

Das sehen wir wohl nun ein, dass Covid-19 eine neue Menschheitsgeißel ist, oder doch Botschafter großer Gefahren. Dass die Menschheit besser vorgesorgt haben sollte. Jetzt bezahlen alle irgendwie dafür, Zahlreiche drastisch bis dramatisch bis definitiv. Die aktuellen Sensibilitäten für solche Gefahren müssen wir uns erhalten und auch zum Gegenstand konkreter Politik machen. Wir dürfen nicht wieder abstumpfen. Was Viren angeht und anderes. Wem fielen in diesen Wochen nicht doch immer mal wieder die Klimafragen ein? So schön auch die Sonne schon im April nachhaltig auf unseren Balkon schien. Wenn die modernen Tataren letztlich doch recht haben sollten? Wenn sie keine Tataren sind, sondern nüchterne Realisten?

Auch die sozialen und ökonomischen Fragen sind wichtig, nicht weniger als die ökologischen. Was bedeutet das fürs konkrete Handeln? Ja, es ist eine Binse, aber nachdrücklich unterstrichen werden muss es trotzdem immer wieder: Die-

1 HIV – 1983-2018 – 4 Millionen Tote
2 Schweingrippe – 2009 – 203.000 Tote

se Erde muss als Wohnstatt für uns Menschen und für alle Lebewesen und die ganze Natur erhalten bleiben. Absolut. Auf immer. Auch aus sozialen und ökonomischen Gründen gehört die Ökologie auf der Liste nach vorne. Denn eher als umgekehrt ist der ökonomische Erfolg langfristig eine abgeleitete Größe von ökologischer Stabilität. Aber dafür muss noch Bewusstsein geschaffen werden.

Und das Soziale ist nicht nur eine Frage sozialstaatlicher Verlässlichkeit und des Erste-Hilfe-Rettungswagens für Verunglückte, das ist es alles auch und das ist unentbehrlich wichtig. Aber das Soziale muss auch die Gleichwertigkeit der Lebensverhältnisse in allen Landesteilen gewährleisten. Es muss gleiche Lebenschancen und dazu im möglichen Maße Befähigungsgerechtigkeit sichern. Wir sind aufeinander bezogen und angewiesen, alle. Wo immer wir wohnen und leben. Leicht gesagt und gefordert, aber nicht so leicht gestaltbar. Demografische und strukturelle Entwicklungen sorgen auch in diesem Bereich für permanenten Wandel und verändern damit die Lebensbedingungen. Unsere Demokratie kommt nicht daran vorbei. Und zu dieser generellen Frage nach der Gleichwertigkeit der Lebensverhältnisse in allen Landesteilen lässt sich auch einiges ableiten aus der Corona-Erfahrung. Solches und solches.

Bleiben wir überwiegend beim Erfreulichen: Es hat mächtig geruckelt und gezuckelt. Da waren schon Zumutungen dabei. Aber es kristallisierte sich doch ein dominierendes Grundvertrauen heraus zwischen Gesellschaft und Politik, das ein gutes Licht auf unsere Demokratie wirft.

Man vertraut sich. Es wurden notstandsähnliche Maßnahmen angeordnet und Freiheitsrechte eingeschränkt. Man legte die Finger in die Wunden und machte deutlich, dass der aktivistische Exekutivföderalismus eine sorgfältigere legislative Vorbereitung gebraucht hätte. Dass aber kein Zweifel besteht, dass dieses Handeln situativ bedingt war und überwiegend nützlich und dass damit nicht die Grundlagen unserer demokratischen Meinungsbildungs- und Entscheidungsstrukturen verändert sind und Macht nicht anders verteilt werden sollte oder gar ist. Dass die Regeln unserer Demokratie gelten für jede und jeden und in jeder Situation, das blieb unangetastet klar.

All das wird in diesen Wochen und inzwischen Monaten deutlicher, und zwar nicht nur im direkten Corona-Bezug. *Es ist hohe Zeit, sich um unsere Demokratie zu kümmern.* Sie ist Lebens- und Staatsform freier Bürgerinnen und Bürger. Aber sie hat nicht nur Freunde. Auf der Welt nicht, auch nicht in unserem Land.

Was zuversichtlich macht ist, dass trotz mancher Kritik im Detail eines sehr klar war und blieb und ist: Das Verhältnis zwischen Gesellschaft und handelnder Politik ist in der Zeit der Pandemie bisher entspannter und vertrauensvoller als üblicherweise bei existenziell mäßiger belastenden Ereignissen. Es waren weniger Eitelkeiten im Spiel, mehr lösungsorientierte Anstrengungen. Das war erkennbar und tat der Demokratie gut.

In der Gesellschaft spielten Achtsamkeit füreinander und Rücksichtnahme aufeinander eine große Rolle. Auch Zeit füreinander. So hat man es selbst erlebt und so hört man es in Berichten aus vielen Situationen.

Eine Gesellschaft gewann Konturen, die insgesamt doch näher am Grundwert Solidarität orientiert sind, als wir es sonst manchmal wahrnehmen (wollen). Frau Thatcher hatte wohl Ende des vorigen Jahrhunderts doch definitiv Unrecht, als sie die Existenz von Gesellschaft spöttisch verneinte. Und auch der aktuelle Große Marsch unserer Gesellschaften hin zu den Singularitäten, der konstatiert wird, hindert offensichtlich nicht am gemeinsamen solidarischen Verhalten. Eine beruhigende Erkenntnis: Wir sind Gesellschaft. Eine.

Die Familien sind ihr Kern, lebenspraktisch. Dass deren Engagement füreinander doch selbstverständlich ist? Ja sicher, aber die Belastungen der Familien in dieser Corona-Krise waren oftmals am Anschlag und sind auch jetzt noch unzureichend entspannt. Was da geleistet wurde und wird, ist mehr als normal. Zwischen Eltern und Kindern und Großeltern, auch Pflegebedürftigen, im Haus, am Ort, verstreut übers Land.

Großen Respekt damit verbunden auch für die Helferinnen und Helfer, Frauen und Männer, die mobil oder auf Stationen mutig und unermüdlich ihren Dienst machten und machen, anregend und erziehend und pflegend tröstend. Das war und ist mehr als selbstverständlich, mehr als »Dienst nach Vorschrift«. Das muss für Wertschätzung und Lohnstrukturen dieser Berufe Entscheidendes in Bewegung setzen. Erklärt ist dieser Handlungsbedarf nun wirklich oft genug. Ich komme darauf zurück.

Kein Gesellschaftsbereich insgesamt, in dem es nicht gute Beispiele für couragiertes Handeln von Menschen aller Altersgruppen gegeben hätte. Das konnte die Not, die Angst, die Einsamkeit und den Tod nicht überall verhindern. Aber es half und machte Mut. Weit weg war das alles vom Zetern auf »hohem« Niveau, wo sich das Gespräch über Politik und das Geschimpfe auf Politik in Corona-freien Zeiten oft abspielt. Weit weg auch von parteilicher Kleinkariertheit, mit der Politik manchmal sich selbst verzwergt und versimpelt und den Menschen die Lust an ihr nimmt.

Der Realismus und die pragmatische Problemorientiertheit waren bei aller Kritik an teilweise unzumutbaren Zuständen und Zumutungen beachtenswert.

Alle merkten und die große Mehrheit (ab etwa Mitte Mai allerdings mit beachtlicher, wenn auch verzettelter Gegenbewegung) akzeptierte, was wir alle erlebten: Wir Menschen beherrschten die Situation der ausbrechenden Pandemie nicht nur nicht, wir mussten uns sogar anstrengen, nicht vor der Katastrophe zu kapitulieren und überhaupt rationale Handlungsmacht zu behalten. Immerhin: Die Demokratie hat das in beachtlicher und verantwortungsbewusster Weise geschafft.

Und das ist das Verdienst von Gesellschaft und Politik gleichermaßen. Wirklich erträglich machen konnte das alles die Situation nicht. Aber das versprach ja auch niemand und so ist Zuversicht gewachsen für das, was jetzt begonnen ist. Auch in Zukunft wird das kein Schmusekurs sein können zwischen Gesellschaft und Gesellschaft, zwischen Politik und Politik und zwischen Gesellschaft und Politik. Die 1,5 Meter Distanz haben wir ja trainiert. Und es geht ja auch um viel. Der Fakt des grundsätzlichen Vertrauens ist dabei eine verlässliche Basis.

Ein paar Sätze zu der selbsternannten Gegenbewegung, die recht buntscheckig wirkt: Der Schock mag inzwischen unter Kontrolle sein und Panik ist tatsächlich und immer von Übel, aber Ignoranz ist auch die falsche Antwort. Respekt also denen, die sich – auch laut – ihre eigenen Gedanken machen und versuchen, beim Aufräumen zu helfen. Aber Demokratiegegner und Windbeutel, die selbst tödliche Pandemien in kleinkarierter Manier sich nützlich zu machen versuchen, die dürfen auch mit klarer kurzer Antwort und überwiegendem Beschweigen rechnen: Ihr versagt jämmerlich.

Und zu denen, die meinen, das sei »alles wie im Krieg damals«. Nein, das stimmt nicht. Dass dieser Vergleich glücklicherweise Unsinn ist, weiß man aus eigenem Erleben, wenn man noch Kind war in den Jahren bis 1945 und in einer kleinen harmlosen Stadt wohnte: Keine Verdunklung der Fenster diesmal, keine Bombenangriffe, keine Flugzeugabstürze, keine Menschen mit erhobenen Händen und gefolgt von solchen mit einem Gewehr im Anschlag, keine hungernden Menschen aus anderen Ländern, denen man nichts Essbares geben durfte, nicht mal Kartoffelschalen, keine brennenden Häuser mit Verschütteten. Und keine Verbote für Protest, laut zu sagen, was an dem Geschehen idiotisch scheint oder ist. Nein, Krieg und Diktatur gehen anders.

Was nun auffiel 2020: wöchentlich, täglich, stündlich, permanent und lautstark freie Medien. So viel Zeit konnte man lange nicht darauf verwenden, sich zu informieren aus unterschiedlichen Quellen, zu lesen, zu hören, zu sehen, was Medien zum Thema wissen und wie sie kommentieren.

Und nicht nur zu Corona im Speziellen. Und man konnte ganz überwiegend das gute Gefühl haben, dass sie die Wahrheit suchen und nach bestem Wissen und Gewissen informieren. Manchmal offen mit Pro und Kontra auf derselben Seite nebeneinander. Sie demonstrieren: Das mit den Fakten und den Konsequenzen ist manchmal nicht so eindeutig. Und trotzdem muss gehandelt werden. So ist das eben auch in der Politik und auch vor Ort und auch bei Pandemien. Nichthandeln gibt es nicht. Auch fürs passive Geschehen-Lassen gibt es Verantwortung, denn es hat Folgen.

Ohne diese Medien hätte es keinen rationalen, pragmatischen Verlauf in der öffentlichen Kommunikation und Meinungsbildung geben können. Dass das ihre selbstverständliche Rolle ist? In unserer Demokratie ja. In zu vielen anderen Ländern nicht. Also ausdrücklich: Liebe Frauen und Männer vom Fach – gut gemacht! Respekt und danke! Wobei ich mir eine Ausrede offenhalte: Ich habe natürlich aus Gründen von Zeit und Neigung nicht alles gelesen, gesehen, gehört. Aber zu dieser Feststellung stehe ich gerne: Freie, qualifizierte Medien sind systemrelevant für unsere Demokratie. Und auch wenn Bereitschaft und der feste Wille zu Objektivität und zur Positionierung gesichert sind, braucht doch die Qualität hinreichend finanzielle Basis für Recherche bis Vertrieb. Kurz, aber klar: Freie Medien kosten Geld. Das ist nicht profan. Warum der Hinweis hier? Weil die Pandemie auf anderem Feld zeigt und erfahrbar macht in dramatischer Weise, dass plötzlich Pandemien ausbrechen können, die man für unmöglich, mindestens für »noch nicht akut« hielt. Weshalb wir Pandemien in Zukunft nach besten Kräften vorbeugen müssen. Was Viren betrifft und deren Verbreitung. Aber auch was Hetze und Verlogenheit angeht, Intoleranz, Antisemitismus, Nationalismus, Rassismus, Hass, Verleumdung, Gewalt. Denn sie alle haben das Potenzial von tödlichen Viren.

Nach spontaner Nothilfe, Rettungsmaßnahmen und Aufbauhilfe ist nun das Konzept Richtung sinnvolle Zukunft zu präzisieren. Die politische und gesellschaftliche Antwort muss zeitnah wirken und langfristig angelegt sein, lokal bis global. Denn es wird einige Zeit dauern, bis unser Land und Europa und die Welt den Corona-Schock überwunden haben und sich wieder mit aller Kraft auf das konzentrieren können, was man Fortschritt für die Menschheit und diesen Planeten nennen kann. Also: Vom Aufräumen zum Gestalten.

Ein großer Teil unseres finanziellen Vorrats, der in den vergangenen Jahren angelegt worden war, ist zum Löcher stopfen und Stabilisieren und Ankurbeln eingesetzt. Richtig so! Aber nun müssen wir die alte Dorfweisheit beherzigen, dass man »die Saatkartoffeln pflanzen muss und sie nicht wegessen darf«. Sich heute bescheiden, damit man übermorgen was ernten kann, das erfordert Disziplin und Einsicht auch bei denen, die aus dem Vollen schöpfen können und Luft haben zum Teilen. Eine harte Strecke steht bevor und ob alle Beteiligten gutwillig bleiben, muss sich erst noch zeigen. Das gilt vor Ort, national und global. Rückfälle in sturen Egoismus sind gefährliche Anzeichen. Denn die meisten der großen Herausforderungen auf unserem Planeten werden nur in globaler Gemeinschaft bewältigt werden können. Doch Geier lassen sich bekanntlich nicht von der Not der Hilflosen abhalten. Sie beobachten mögliche Opfer abwartend, aber wenn diese Schwäche zeigen, packen sie zu. Dass wir an das Gute als Mögliches glauben, ist wichtig, bedeutet aber nicht, es schon als Realität annehmen zu dürfen. Wir werden darum streiten und uns anstrengen müssen. Also auch das Erwirtschaften von Wohlstand ermöglichen und das Teilen garantieren. Das Teilen!

Europa ist dabei besonders wichtig. Die EU und die Staaten als solche und die Gesellschaften sind gefragt. Es ist zu prüfen, ob und wie dieser historische Augenblick Corona genutzt werden kann, sich gemeinsam stärker und zeitgemäßer aufzustellen. Geschlossener und verbindlicher. Platz dafür gibt es und die Zeit drängt. Die Rolle europäischer Staaten in einer Welt mit schnell wachsender Bevölkerung und ohne den Pfadfinder »Westen« ist bescheidener geworden. Das muss nicht, könnte aber Nachteile haben. Für uns, aber auch global.

Die deutsche Präsidentschaft am europäischen Tisch im zweiten Halbjahr 2020 fordert uns heraus, gemeinsam die nötigen Kräfte zu mobilisieren. Die latente Erosion der europäischen Idee wird nicht mit Einfach-weitermachen-Parolen gestoppt werden können. Denn in der jüngeren Zeit sah einiges mehr nach Rückschritt als nach Stillstand aus. Die Richtung muss geklärt werden, in die es gehen soll, auch wenn nicht alles sofort gelingt. Es war ein großartiges Geschenk, dass nach 1945 die europäischen Nachbarn uns Deutsche einluden, die Europäische Union entwickeln zu helfen und gleichberechtigt daran beteiligt zu sein. Heute haben wir Mitverantwortung dafür, dass daraus nun eine Epoche wird und es nicht eine Episode bleibt, die zerbröselt. Dass nach dem Ende des Sowjetreiches die mittel- und osteuropäischen Länder hinzugekommen sind oder kommen möchten, hat dabei noch einmal eine besondere Bedeutung für Deutschland. Und es geht dabei nicht nur um alte Schuldlast, sondern auch um geostrategische Entscheidungen für eine Welt, die die bipolare West-Ost-Phase hinter sich lässt und sich neu ordnet oder in Unordnung taumelt.

Deshalb hier auch noch einmal die kurze Erinnerung an den Marschall-Plan, der 1946 ff. den Start der Bundesrepublik (alt) in die Wohlstandsfähigkeit entscheidend förderte. Da kamen sehr viele Milliarden Dollar zu uns, und davon viele geschenkt, nicht nur geliehen. Wir brauchten damals diese Luft und die gaben sie uns. Manche europäischen Nachbarn heute brauchen auch diese geschenkte Luft. Dazu müssen wir beitragen. Und die Geber waren damals und sind auch heute in Europa nicht total uneigennützig, sondern realistisch. Deutschland muss auf Europa setzen, auf die Europäische Union. Das gehört auch zu »Corona und danach«.

Was unser Land selbst angeht: Als Gesellschaft müssen wir uns auf eine Phase besonderer Anstrengungen einstellen. Das Potenzial dafür haben wir, unseren Standard zu halten und Schritt für Schritt wieder auszubauen. Unsere Demokratie ist stabil. Und unsere demokratischen politischen Kräfte sind vertrauenswürdig. Wir können uns Mut machen und unterhaken. Aber genauso wichtig ist: *Unser Land braucht auch die unverkrampfte Freude am Leben und die Zuversicht, dass die Dinge gestaltbar sind. Das gilt für alle, für alle Generationen, also auch für die Älteren und die Alten.* Die Alten sind in der heißen Pandemiephase oft als Risikogruppe angesprochen worden.

Nicht von allen im Ton der Verallgemeinerung, aber doch so, dass ihr Mehrwertgefühl sehr gefestigt sein musste, um gelassen bleiben zu können. Da ist was zu klären. Ohne die Älteren und Alten wäre bei Pandemien keineswegs manches leichter, wie manche gezielten Sprüche es anzudeuten schienen. Diese Sprüche noch weniger als zu ignorieren, ist angemessen. Und daran zu erinnern: In nicht so ferner Zeit werden die Rentnerjahrgänge nicht mehr ein Viertel der Gesamtbevölkerung ausmachen wie heute, sondern ein Drittel.

Für diese Jahrgänge selbst, aber auch für die jüngeren 70 bis 80 Prozent ist es wichtig, die älteren Generationen – und das sind mindestens zwei – nicht als Ballast und Risiko zu sehen und zu behandeln. Und die gutgemeinte freundliche Variante der Rundum-Betüddelung ist auch keine Lösung. Es passt nur, was die Vernünftigen in den vergangenen Monaten täglich zu sagen gelernt haben: Das Alter ist keine Kategorie, mit der man irgendetwas markieren kann. Immer kommt es auf den einzelnen Menschen an. Natürlich können Menschen im höheren Alter hilflos werden, aber es gibt auch dringend hilfsbedürftige Junge und so weiter.

Kurz: Die Älteren und die Alten brauchen keinerlei Bonus und verdienen keinerlei Malus des Alters wegen. Sehen wir sie, wie sie sind. Lauter Unikate, so unterschiedlich wie die anderen auch. Sie werden älter, als jemals Generationen es wurden. Die Allermeisten relativ gesund. Sie haben einen Platz und eine Funktion in unserer Gesellschaft und viele von ihnen helfen mit, diese auszufüllen. Die große Zahl Alter und Älterer ist nicht nur eine gesellschaftliche Herausforderung, sie ist auch ein großer Teil der Lösung. Ohne sie wäre das Land, unsere Gesellschaft um vieles ärmer.

Aber nicht nur das. Sie sind Individuen, die – jede und jeder – Freude im Leben suchen, und die meisten finden diese auch. Das Älterwerden und Altsein ist ein gutes Stück Leben.

Der jüngere Teil der Gesellschaft hat diese Erfahrung noch nicht. Es ist aber klug, davon auszugehen, dass auch die Älteren und Alten eine bunte, aktive und lebensfrohe Kohorte sind. Denn so ist es wirklich. Es ist sicher nicht ungebührlich, wenn ein 80-Jähriger sich kompetent fühlt, hier ein paar Gedanken dazu beizutragen. Freundschaft!

Viel Situatives, viel Neues wird zu bedenken sein und zu gestalten. Auch Themen, die schon vor der Corona-Krise auf der Tagesordnung standen oder hätten stehen sollen. Drei davon spreche ich im Folgenden an, wissend, dass es mehrere andere schwerwiegende Dinge auch noch gibt, die vollste Aufmerksamkeit brauchen. Ich versuche bei dem zu bleiben, was ich überblicken kann. Ich bin kein Alleswisser. Die drei hier vertiefend angesprochenen Themen haben enge Bezüge zueinander, und das soll in den Texten auch deutlich werden. Und sie handeln vom Sich-Einmischen und vom Mit-Tun. Und davon, dass das »Älterwerden und Altsein ein gutes Stück Leben« ist:

- *Demokratie 2020⁺*

Was wir gelernt und Sicherungswertes erreicht haben. Wo es aber doch dringenden Bedarf an Frischluft gibt. Auch Demokratie kennt Wandel. »Seid auf der Höhe der Zeit, wenn Gutes bewirkt werden soll«, die bekannte, immer richtige Empfehlung.

- *Lebensqualität in Vielfalt*

In der Politik meistens als Gleichwertigkeit der Lebensverhältnisse in allen Landesteilen diskutiert, aber unvollkommen gesichert, örtlich und regional von Erosion bedroht.

- *Ein gutes Stück Leben*

Die exorbitante Kurve der individuellen Lebenserwartung weltweit und das Leben in einer Gesellschaft, die bald zu einem Drittel 60 Jahre und älter ist. Und weshalb Altwerden gut ist.

Das alles nicht als Vorschläge für Programme oder gar wissenschaftliche Expertisen gemeint und geeignet, aber hoffentlich doch brauchbar zum Nachdenken und Anknüpfen im Alltag, gesellschaftlich und politisch. Gesellschaftspolitisch.

Ein nachdenkliches und forderndes Kapitel zur Klimadebatte läge mir am Herzen und wäre auch besonders wichtig und passend. Corona darf uns nicht ablenken von dieser erstrangigen Spur. Das Kapitel traue ich mir thematisch nicht zu. Informationen zum Thema gibt es hinreichend, auch plausible Einschätzungen zu Konsequenzen, die auf uns zukommen, sehr konkret mindestens auf die Generationen nach uns. Handlungsbedarfe sind beschrieben. Es geschieht was, aber offensichtlich nicht rasch genug und nicht konsequent genug. Beim Corona-Virus warten wir darauf, bei der globalen Klimakatastrophe gibt es ihn definitiv nicht – den Impfstoff, der die Gefahr mindestens reduzieren kann, irgendwann, hoffentlich bald. Sind wir in Sachen Umweltzerstörung ignorant oder hoffen wir, bei den Gewinnern zu sein oder lassen wir das Problem denen, die nach uns kommen?

Zum Thema Europa und dessen Chancen und Risiken: Es kommt in diesen Texten in kurzen Abschnitten vor, bräuchte aber viel mehr sachkundige Analyse und Perspektive. Man darf hoffen, dass die deutsche Regierung und wir als Gesellschaft das zweite Halbjahr 2020, die Zeit der deutschen Präsidentschaft in Europa, nutzen, dem Thema wieder stärkere Impulse zu geben.

Und man könnte in einem solchen Buch der Zuversicht im Blick nach vorn auch eine begeisterte oder doch wenigstens realistische Würdigung der neuen Medien erwarten, die in dieser Pandemiezeit Kommunikation und Organisation retten halfen und dafür sorgten, endgültig das Zeitalter der Digitalisierung im täglichen Leben (auch) in Deutschland einzuläuten. Ich muss anerkennen: Diese Techniken haben sich als große Chance und damit Fortschritt erwiesen.

Es war im Übrigen eine kluge Entscheidung der Koalition, den 8. Altenbericht unter das Thema »Ältere Menschen und Digitalisierung« zu stellen. Im August 2018 bekam die Altenberichtskommission unter Leitung von Prof. A. Kruse den Auftrag der Bundesseniorenministerin Dr. Giffey, den Altenbericht dieser Legislaturperiode diesem Thema zu widmen. Im Frühjahr 2020 lag der Bericht vor, und inzwischen hat im Juli 2020 auch die Bundesregierung auf dieser Grundlage ihre Stellungnahme zum Bericht der Sachverständigenkommission vorgelegt. Die Pandemiegeschehnisse seit Frühjahr 2020 haben auf drastische und dramatische Weise die Aktualität dieser Thematik aufgezeigt. Die Digitalisierung hat eine sprunghafte Bedeutungssteigerung für die Gesellschaft insgesamt erfahren, in erheblichem Maße auch für die älteren und alten Menschen in ihrem Alltag im Bereich Kommunikation und Gesundheitsfürsorge. Ich kann allen Interessierten nur empfehlen, sich den 8. Altersbericht (der aus Kommissionsbericht und Stellungnahme der Bundesregierung besteht) aufmerksam anzusehen. Dessen Inhalte werden uns in den kommenden Jahren begleiten, – Orientierung und Ansporn sein.

Wie bei jedem Fortschritt: Solange Digitalisierung uns Menschen dient, ist sie gut. Wenn sie sich selbst zum Eigentlichen aufplustert und Menschen zu ihren Instrumenten werden, ist es mit dem Charme des Fortschritts vorbei und ihre Ambivalenzen dominieren. Aber das zu beeinflussen und letztlich zu entscheiden, das liegt bei uns selbst.

In diesen Monaten der Pandemie wurden neue Möglichkeiten von Information und Kommunikation und Vernetzung eine riesige Hilfe. Und doch bleibt klar: Menschen brauchen Menschen. »Helfen und sich helfen lassen« – darauf kommt es auch zukünftig an. Und ehrlich, Papier und Schreibmaschine und Geld als Münzen und Scheine bleiben mir wichtig. Das muss erlaubt sein. Und das Miteinander-am-Tisch-sitzen sicher auch und sich ansehen und erleben. Die alte Wahrheit, dass der überwiegende Teil menschlicher Kommunikation nicht verbal erfolgt, ist noch nicht obsolet.

Ich konzentriere mich auf die drei benannten Themen, weil sie meine wesentlichen Arbeitsgebiete in den vergangenen Jahren in der Politik und im zivilgesellschaftlichen Engagement waren und sind und ich dort noch die nötige Übersicht habe über den Stand der Dinge und der Perspektiven und auch die verwegene Vorstellung habe, meine Beiträge hier könnten interessieren und nützlich sein für den gesellschaftspolitischen Umgang mit ihnen.

Diese Themen führten für mich seit meinem Ausscheiden aus dem Bundestag 2013 zu vielen Begegnungen mit interessanten Menschen, was mir Freude machte. Und weshalb ich mehr Spaß hatte bei alldem, als mein angeblich knarziger Dialekt und Sprachton es vermuten ließ. Und es ist ja auch tatsächlich angewandte Gesellschaftspolitik, um die es da und um die es mir geht.

Und – letzter Satz hier: Es ist ja noch nicht vorbei. Viele haben mit 80plus noch 'ne Menge Luft nach oben. Das interessiert mich auch.

Ihr

Franz Müntefering

Frischluft für die Demokratie

Es geht um unsere deutsche parlamentarische und Parteien-Demokratie auf der Höhe dieser neuen Zeit. *Meine Meinung knapp vorweg*: Diese deutsche Demokratie seit 1949 ist weitgehend gelungen und zukunftsfähig. Während der Teilung unvollständig, seit 1990 für ganz Deutschland komplett. Aber diese Demokratie unterlag natürlich und von Anfang an dem Wandel der Zeit. Und der war und ist zunehmend heftig, gesellschaftlich-kulturell, sozial-ökologisch-ökonomisch, im ganzen Land und vor Ort im Speziellen. Wir sind als Demokratie gefordert.

Die Pandemie ist nun seit Frühjahr 2020 ein neuer und schwerwiegender Aspekt, der mitbedacht sein muss und der uns lange begleiten wird. Dies ist offensichtlich, gilt aber nicht nur für Deutschland. Das wiederum relativiert nicht unsere eigene Verantwortung für unsere eigene Demokratie. Alle Länder sind betroffen, alle Menschen. Die Wahrheit ist: Die als UN vereinten Nationen waren darauf nicht vorbereitet und auch kein einzelnes Land. Vor hundert Jahren, ja fünfzig Jahren wäre eine solche Pandemie mit ihrem rasanten Verbreitungspotenzial weltweit nicht möglich gewesen. Die globale Mobilität hat uns zu alltäglichen Nachbarn gemacht, die ein solches Virus unabsichtlich, aber verlässlich verbreiten. Ein paar Wochen oder Monate lang haben wir alle ungläubig auf die Meldungen von weit weg geblickt, gelassen – vorsichtig – skeptisch – alarmiert, aber doch im Gefühl, das nicht sein kann, was nicht sein darf. Als die Abwehr hätte beginnen müssen, die Flammen zwar züngelten, aber noch nicht loderten, verließ sich Europa wochenlang auf das mittelalterliche Faktum der Distanz: Wir nicht. Hier nicht. Die Pest brauchte doch auch Jahre oder Jahrzehnte, bis sie in weit entfernten Regionen ankam. Aber nun ist das Virus fast so schnell wie die Mail. Und die Vereinten Nationen brauchen wie für den Einsatz bestimmter Waffen auch verbindliche Absprachen und Regeln für das Auftreten pandemischer Krankheitsbilder. Oder gibt es die schon und fast niemand weiß davon und sie wirken auch nicht?

Diese Pandemie ist ja nur ein Beispiel für den Wandel der vergangenen gut 70 Jahre, als unsere Demokratie entstand und wuchs und sich bewährte. Dieser Beitrag zur Demokratie wäre allerdings an dieser Stelle auch ohne Pandemie fällig gewesen.

Unsere Demokratie soll nach Form und Inhalt eine Staats- und Lebensform sein, die in diese Zeit passt, mit der nötigen Dynamik für die Wandlungen der kommenden Zeit. Die defensive Formel: Wir haben eine Demokratie, die sich bewährt hat, die verteidigen wir und so geht es gut weiter, diese Formel reicht nicht. Denn es bleibt eben nichts, wie es ist. Zuversicht ist zwar ausdrücklich erlaubt, dass die Demokratie ihr eigenes konstruktives Wandlungspotenzial hat, aber wir sollten das besser nicht dem Zufall überlassen. Handlungsbereitschaft ist unverzichtbar, aber sie muss mehr sein als Aktionismus und Wahlkampf.

Das Essenzielle unserer Demokratie muss erhalten und zeitfest gemacht werden. Und wir können dabei nicht nur auf Interessierte und auf Gutwillige rechnen. Realistisch und lapidar: Es ist nicht nur der Zahn der Zeit, der an unserer Demokratie nagt, sondern es gibt tatsächlich die, die sie in ihrer Substanz nicht wollen. Und die sind eine Gefahr.

Es wird hoffentlich eine erfolgreiche weitere Strecke für unsere Demokratie werden, eine ziemlich anstrengende wird es auf jeden Fall sein. Nur Mut!

Zur Situation: Demokratie ist populär, immer noch fast überall im Lande und auf der ganzen Welt. Auch Skeptiker, selbst ihre Verächter – alle schmücken sich gerne mit ihrem Namen. Denn Demokratie verbindet sich mit Aufklärung, Modernität, Souveränität, Urbanität, ökonomischem Erfolg. Dass sich mit der Demokratie auch die größte und einzigartige Idee der Menschheitsgeschichte verbindet, darüber freuen sich allerdings nicht alle ihre angeblichen Verehrer und Jünger. Dass alle Menschen »frei und gleich an Würde und Rechten geboren sind«, das meinen sie nicht wirklich. Aber genau das ist die Nagelprobe für die Demokratie. Die Würde des Menschen und die Menschenrechte, das Recht auf freie Entfaltung der Persönlichkeit und das Recht auf Leben und körperliche Unversehrtheit, all das findet sich in den ersten beiden Artikeln zu den Grundrechten in unserem Grundgesetz. Wir sind Realisten und wissen: Anspruch und Wirklichkeit sind auch in überwiegend intakten Demokratien wie unserer nicht jederzeit deckungsgleich. Beispielsweise in der Corona-Krise bei wochenlanger / monatelanger strikter Isolation Pflegebedürftiger in Heimen. Aber wir wollen dem Anspruch näher kommen, wir geben nicht auf. Mehr Demokratie wagen, nicht weniger, das gilt. Das ist unsere feste Absicht.

Wie kann das gelingen?

Guter Wille ist unverzichtbar, aber nicht hinreichend. Denn die gute Absicht realisiert sich im Tun oder gar nicht. Endgültig entschieden ist dieser Kampf für Demokratie aber nie und in den letzten Jahren wurden die Stimmen derer mehr und lauter, die sich zwar Demokraten nennen, die aber von der Gleichwertigkeit der Menschen, aller Menschen, nichts wissen wollen und nichts von Liberalität und Solidarität im

Umgang miteinander, insbesondere nicht über die eigene Nation hinaus. Starke oder illiberale Demokratie nennen sie das dann. Oder autokratische, da wird's schon konkreter. Da diese Leute nicht dumm sind, wissen sie um die Verlogenheit ihrer Worte und ihres Verhaltens. Mindestens grinsen sie in sich hinein. Aber nicht ausgeschlossen, dass einige von ihnen, deren Namen einem dazu sofort einfallen, bald auf das Spiel mit dem Namen Demokratie als Maske verzichten und sich dann auch öffentlich von ihr distanzieren. Auch bei uns im eigenen Land sind ja schon welche eifrig dabei, sich auf diese Zeit vorzubereiten. Sie werden es »Volksdemokratie« nennen. Oder eben »Direkte Demokratie.« »Volksbeauftragte« ohne ein Parlament, dem noch eine wirkliche Funktion zukäme. Die massive Missachtung der Idee der Gleichwertigkeit der Menschen zeigen die Demokratiegegner ungeniert auch öffentlich. Sie bauen Mauern und Zäune, manipulieren Wahlen, zensieren Medien, entmachten Parlamente. Die Seuche verbreitet und intensiviert sich: Die, die anders sind nach »Abstammung, Rasse, Sprache, Heimat, Herkunft, Glauben« werden verhöhnt, verachtet, missachtet, misshandelt, ignoriert, gemordet.

Die Idee der parlamentarischen Demokratie, die nach den Schrecken des Weltkrieges II die einzig mögliche Rettung und Chance der Menschheit schien und die wir am Ende des Zeitalters der Bipolarität 1989/91 immer noch als endlich erreichbare historische Perspektive vor Augen hatten, verliert unverkennbar an Unterstützung. Sie ist noch stark und zukunftsfähig, ja, aber sie hat nicht überall Priorität in den Konkurrenzen mit anderen Interessen und Leitbildern.

Egoismus und Egozentrik wachsen, Lockrufe werden geprägt, die sich anhören wie: Sicherer Wohlstand hat Priorität. Und: Wohlstand geht ohne Demokratie. Getarnt als nationales Interesse, mit völkischem Gebaren vermengt. Panikmache ist die falsche Reaktion darauf, aber: Wir sind in Europa und letztlich in der ganzen Welt in dem einen Boot. Gegenhalten kostet Kraft. Die haben wir, aber auch der Wille muss erkennbar sein. Der Wille zu echter Demokratie, die sich stützt auf eine freie, geheime und gleiche Wahl, auf gewählte Legislative und legitimierte Exekutive, auf Gleichwertigkeit aller.

In ehemaligen Diktaturen, denen sich demokratische Möglichkeiten eröffnen, gibt es Rückschläge. Aber auch im scheinbar-anscheinend wertegebundenen »Westen«, wie wir uns definieren und nannten oder noch nennen. Wir, die erklärten Protagonisten und Verteidiger der Demokratie, wir waren nie so untadelig im Umgang mit uns fremden Menschen und überhaupt allen Menschen und mit der Praxis der Demokratie, wie es nötig gewesen wäre. Manchmal waren wir sogar liederlich. Aber es bleibt doch auch wahr und ist nicht vorbei: Wir wollten und wollen Pfadfinder und Vorbilder und Garanten der Idee von der umfassenden Demokratie sein. Ganz praktisch und überzeugend. Die USA, die sich an der Spitze dieser »Weltbewegung« sahen, hegemonial. Man kann sich gut erinnern. Erkennen im Heute und Jetzt kann man es nicht mehr. Inzwischen tun sich da Lücken auf, die erschrecken lassen. War die Tünche wirklich nur so dünn? Liegt das nur an dem einen Mann an der Spitze?

Klar war dabei immer: Die Sicherung der eigenen Interessen ist legitimer Teil von Demokratie. Aber die eigenen Interessen müssen sich doch auch an denen der Anderen messen lassen. Rückfall in Nationalismus alter Art widerspricht dem. Und neue Arten sind auch nicht schöner, Rassismus und Antisemitismus zeigen das täglich. Sie werden gerne und schnell ein mit großen Worten getarnter Freibrief für platten Egoismus. Und für Machtspiele, auch solche mit Gewalt.

Demokratie war wohl immer, nach Inhalt und Praxis und an Zahl der Staaten und der Bevölkerung gemessen, Minderheit auf der Erde. Aber die Europäische Union war von Anfang an und ist auch heute noch der großartige Versuch, ein solidarisches, verbindliches, freiheitliches Miteinander zu praktizieren. Nach den demokratisch-parlamentarischen Regeln und Verhaltensweisen, über nationale Grenzen hinweg. Und dabei einen Wohlstand auf gutem Niveau und der Gerechtigkeit anzustreben und dem auch in der Realität näher zu kommen.

Und auch hier schränkt man ehrlicherweise ein: Perfekt wurde die Realität der demokratischen Institution EU bisher nicht, aber doch ein Zeichen dafür, was immerhin gelingen kann. Ein Mutmacher, wie er dringend gebraucht wird.

Es steht heute die Frage im Raum: Hat diese demokratische Idee der Gemeinschaft zum Nutzen aller, hat diese europäische Idee die Kraft und den Willen, in dieser turbulenten Phase der Weltpolitik zu bestehen? Und nicht nur zu bestehen, sondern zu orientieren und zu demonstrieren, dass sie inspirierend sein kann im guten Sinne für andere Regionen, die auch einen guten Weg für die globale Zukunft suchen? Für meine Generation war und ist die Idee einer Europäischen Union, die nach Inhalt und Praxis unzweifelhaft der Demokratie anhängt, immer auch das Zeichen gewesen dafür, dass so etwas überhaupt möglich ist: Über Jahrhunderte verfeindete Völker, die nach den von Deutschland zu verantwortenden Weltkriegen nun seit 75 Jahren im Frieden und sogar in Freundschaft leben. Und seit drei Jahrzehnten auch in Freiheit. Ob es überhaupt Fortschritt gibt in der Geschichte der Menschheit? Das ist er, was sonst?!

Nur rund 5 Prozent der Erdbevölkerung leben in der EU, aber die EU ist in ihrer Existenz und auch im Blick nach vorn eine Hoffnung, nein, der Beweis. Es geht. Und das ist etwas, an dem Sozialdemokratinnen und Sozialdemokraten hier und überall in den anderen europäischen Ländern guten Anteil hatten und haben. Auch deshalb wurde ich gerne Sozialdemokrat.

Demokratie darf eben nicht nur bis an die (eigenen) nationalen Außengrenzen die Regeln des Zusammenlebens organisieren und sichern helfen und im eigenen Land bestimmen und sichern. Sie ist auf weltweite Zusammenarbeit ausgerichtet. Und in den 75 Jahren seit Weltkriegsende ist auch über Europa hinaus viel Gutes diesbezüglich erreicht worden. Die Vereinten Nationen sind das große und auch Mut machende Zeichen. Immer mit dem Ziel, allen Menschen stärker als bisher Teilhabe und Teilnahme, Wohlstand und Sicherheit, Freiheit und Frieden zu sichern. Und in einer Demokratie leben zu können. Erreicht ist manches. Zu tun ist aber noch viel.

Dieser Weg wird ausgesprochen schwierig bleiben. Denn die in der Zeit der Bipolarität meistens (von uns) mitgedachte Perspektive, die ganze Welt werde sich bald demokratisch und sozial und marktwirtschaftlich und friedliebend organisieren, die ist längst verflogen. Viele wollen nicht sein, wie wir uns den »Westen« wünschten. Das ist eine komplizierte Wahrheit, die gerade erst richtig Fahrt zu bekommen scheint. Aber das führt hier zu weit.

Nun endgültig: Demokratie in Deutschland heute und in Zukunft. Eigentlich sind politische Parteien nicht zwingend das erste, über das man sprechen muss, wenn es um das Gelingen von Demokratie geht. Sie selbst mögen das manchmal anders sehen. Und wichtig waren und sind Parteien bisher und künftig tatsächlich. Sogar mehr als man der knappen Einordnung der politischen Parteien in unserem Grundgesetz entnehmen kann. Artikel 21 Absatz 1: »Die Parteien wirken bei der politischen Willensbildung des Volkes mit.«

Das klingt nach Brücke, Brücke zwischen verfasster Demokratie und der Gesellschaft. Und 1949, als das so ins Grundgesetz geschrieben wurde, war die Botschaft auch sehr plausibel:

Politische Parteien sollten Bildungsstätten der Demokratie sein, auch Meinungsbildungsstätten. Auch Kompromissfinder und Meinungsbündler. Auch Such- und Findungsorte für geeignete Kandidatinnen und Kandidaten für die Parlamente. Und sie sollten diesen auch helfen, die nötige Kompetenz und das Verantwortungsbewusstsein entwickeln zu können, die gute Volksvertreterinnen und Volksvertreter brauchen. Parteischulungen waren Fortbildungsseminare, keine Indoktrinationstermine.

Der Artikel 21 Absatz 1 bleibt sinnvoll, auch 2020 und in Zukunft. Er definiert die Essenz. Aber die Bindungen für Parteiarbeit und die Rolle der Parteien als Scharniere zwischen Gesellschaft und Politik haben sich wesentlich gewandelt.

1949 gab es kein Fernsehen, Radios standen nur in wenigen Haushalten, es gab vergleichsweise wenig Printmedien und politische Zeitschriften und Bücher. Der Primat für politisches Wissen und Handeln lag damals und über Jahrzehnte bei den politischen Parteien, eindeutig. Wenn die Parteigrößen der Zeit in die Städte kamen, auf die Marktplätze, hörten ihnen Zehntausende gebannt zu. Man wollte was erfahren und es mitnehmen und es weitergeben. Und hier konnte man es erfahren, aus erster Quelle und so Motivation speichern. Westfalenhalle und Westfalenstadion mit Interessierten und Engagierten zu füllen, war für die SPD in Westfalen bis hin in die Zeit von Helmut Schmidt kein Problem. Auch anderswo und bei anderen Parteien war das so.

Auch damals hatten die Medien schon eigene Interessen ökonomischer Art und politische Meinungen und oft auch politische Absichten parteipolitischer Art. Sie achteten doch darauf, dass die erkennbare Trennung von gutrecherchierten Fakten und akzentuierter Meinung in etwa gelang. Bei seriösen Medien ist das auch heute so.

Bei dem lange Jahre zahlenmäßig überschaubaren Angebot an medialen Instrumenten und Publikationen sahen und hörten und lasen viele politisch Interessierte dieselben Quellen. Die Grundlagen für jederzeitigen Gedankenaustausch waren so fast permanent gegeben. Wenn man sich traf, hatten alle die bekannten, oft auch kontroversen Informationen. Das Gespräch und der Disput konnten beginnen.

Das ist heute immer seltener so. Im Alltag der Gesellschaft, aber auch in der Parteienlandschaft. Aus dem geschätzten Dutzend wesentlicher Quellen und ihren überschaubaren Verstärkern ist ein Meer von Mitteilungen, Kommentaren, Korrekturen, Zustimmungen, Ablehnungen, Ergänzungen, Kauderwelsch geworden. Es ist schwer geworden, die Übersicht zu behalten und nicht von Nebensächlichkeiten abgelenkt und aufgehalten zu werden. Und es scheint, dass selbst die klugen Frauen und Männer aus Wissenschaft und Kultur, die immer Interessantes und Queres beizutragen hatten, leiser geworden sind oder gar weniger. Zumindest nicht mehr so präsent.

Ich gehe heute in die Zeitungs- und Buchläden in den Bahnhöfen und sehe, wer und was inzwischen alles mitwirkt bei der politischen Meinungsbildung. Und ich sehe in diesem Meer ja nur den analogen Printteil. Nicht Hörfunk und TV und nicht die vertikalen und horizontalen digitalen Netzwerke, nicht das, was sich »soziale Medien« nennt. Den »Vorwärts« und den »Bayernkurier« ohnehin nicht, wohl aber kaum kaschierte braunstichige Glanzbroschüren, wenn auch nicht die dazugehörigen Flügelprogramme.

Und wo bleiben nun 2020 die demokratischen Parteien mit ihrer Rolle? Überflüssig oder dauerhaft irrelevant für das Gelingen von Demokratie sind sie keineswegs, sie könnten mit ihren Beiträgen ruhig selbstbewusster und mutiger und lauter sein. Die Parteien sind eher unbeholfen in diesem permanenten Gebrumme. Es mag noch andere Gründe geben, aber es ist offensichtlich: Sie sind geschmälert in ihrer Wirkung. Das ist nicht gut für die demokratischen Parteien, auch nicht für die Demokratie selbst. Sie müssen sich ehrlich machen und wissen und sagen, wie die Lage ist und wohin sie wollen. Beide, Demokratie und Parteien.

Unsere Parteien müssen Volksparteien bleiben, dürfen nicht zu Kaderparteien schrumpfen. Sie müssen – auf allen Ebenen und Wegen – Teil der gesellschaftlichen und politischen Debatte und der Meinungsbildung sein.

Dazu kann und muss die Rolle der Volksvertretungen an Bedeutung gewinnen. Sie sind frei gewählte und letztlich nur ihrem Gewissen verpflichtete Abgeordnete. Sie müssen einen wichtigen Teil des »Großen Gesprächs« zwischen Politik und Gesellschaft übernehmen.

Also Stichwort: Parlamente. Sie müssen (im Bund, in den Ländern, als Räte in den Kommunen) ein großes Gewicht in den politischen Debatten haben und so auch große indirekte Mitwirkung bei der politischen Meinungsbildung der Wählerinnen und Wähler. Das ist keine neue Erkenntnis und teils funktioniert das auch. Aber nicht überall und nicht im möglichen Maße. Ganz sicher nicht als ausreichende Kompensation für den Wirkungsverlust der Parteien. Frischluft für die verfasste Demokratie – das Potenzial der Parlamente ist bei weitem noch nicht voll genutzt. An Themen für die Parlamente mangelt es nicht. Und neue, komplizierte kommen gerade hinzu. Parlamente sind fleißig und sorgfältig und effektiv. Außenstehende können oft nicht erkennen, wieviel konstruktive und auch erfolgreiche Arbeit dort geleistet wird. Der Bundestag ist Gesetzgeber und auch Auftraggeber für die Bundesregierung und auch ihr Kontrolleur, was deren exekutives Wirken angeht. Da wäre aber Besserung möglich, auch nötig.

Nicht alles, was der Bundestag als Gesetzgeber beschließt, wird zufriedenstellend umgesetzt. Aus unterschiedlichen Gründen nicht. Und dabei geht es hier nicht um Schuldzuweisung, sondern um die Glaubwürdigkeit von Demokratie und um ihre Mechanismen. Ein markantes Beispiel: Der Anspruch Bedürftiger (Kranker mit großen Schmerzen) auf SAPV (Spezialisierte Ambulante Palliativ-Versorgung) ist seit einigen Jahren gesetzlich fixiert und das natürlich bundesweit. Aber er funktioniert nicht überall befriedigend. Es wäre gut, wenn der Bundestag als Gesetzgeber einen Bericht zur aktuellen Lage dazu erhielte, weshalb das so ist und wie Hinderungsgründe beseitigt werden können, eventuell auch durch ergänzende Gesetzgebung.

Genereller: Der Bundestag sollte das Recht haben und die Gewissheit, für von ihm benannte Gesetze nach bestimmter Frist einen qualifizierten, also objektiven Umsetzungsbericht zu erhalten über den Stand der Dinge. Dann kann er über seine Handlungsmöglichkeiten entscheiden. Das ist weder Bürokratismus noch Erbsenzählerei. Es geht auch hier um Glaubwürdigkeit von Demokratie. Deshalb kommt dieser Aspekt noch einmal im Beitrag über die Gleichwertigkeit der Lebensverhältnisse in diesem Buch vor. Er ist wichtig.

Aus der heißen Corona-Phase ergab sich die Frage, wie in solchen extremen Situationen das Verhältnis von Legislative zu Exekutive ist, soweit es dafür (noch) keine präzisen gesetzlichen Vorgaben gibt. Es wäre Unsinn, für jede auch nur irgendwie vorstellbare Eventualität detaillierte gesetzliche Bestimmungen vorbereiten zu wollen. Und es ist jetzt hier auch nicht der Versuch, Kritik am Handeln von Bund und Ländern zu verbreiten oder zu kaschieren. Aber es war schon auffällig, wie dominant die Spitzen der Exekutive in Bund und Ländern im Kontakt mit ihren wichtigsten wissenschaftlichen Ratgebern die Dinge steuerten. Respektabel, ganz überwiegend. Wobei wichtige Ratgeber wiederholt darauf verwiesen, dass sie »nur Rat geben« konnten und »die Bundesregierung entscheidet«. Das war demokratiesensibel, ganz sicher. Die zeitweise Exekutivlastigkeit nahm keiner übel.

Regierungs- und Oppositionsfraktionen hatten aber faktisch nur begrenzt Chancen, ihre Positionen zu den Herausforderungen und gesetzgeberischen Bedingungen für die Bevölkerung deutlich und ihren Anteil an den Entscheidungen der Exekutive erkennbar zu machen. In den Kulissen, informell, ungesehen, geschieht da mehr an Kontakten, Austausch und Entscheidungsfindung und Abstimmung im Parlament, als man im Lande mitbekommen kann. Das ist suboptimal. Aber der praktische Föderalismus, so nervig er auch sein kann, hat auch diesmal wieder klargestellt, dass wir nicht in einer Kanzlerdemokratie leben, sondern in einer komplizierten parlamentarischen. Es ist doch immer wieder sympathisch und meist auch stimmig, das Gezwitscher der Zaunkönige. Noch einmal: Als Außenstehendem fehlen einem Wissen und Einschätzung darüber, in welcher Weise und wie intensiv das Parlament in die Entscheidungen eingebunden war. Und hier soll auch ausdrücklich nichts zur Qualität der Entscheidungen gesagt sein. Aber man darf doch die feste Erwartung haben, dass im gehörigen, aber nicht zu fernen Abstand die Abläufe verifiziert werden und geklärt wird, offen und öffentlich, ob das so bestmöglich war oder ob sich daraus Handlungsbedarf ergibt zum Beispiel für das Verhältnis von Legislative und Exekutive in unseren Parlamenten. Demokratie darf nicht – aus welchen Gründen auch immer – den Mund halten, wenn ihre Funktionsweise so strapaziert wird. Es wird ihr und allen Beteiligten und Betroffenen gut tun, wenn darüber nicht geschwiegen, sondern in geordneter Formation berichtet und erläutert wird, ob es einen oder ob es keinen diesbezüglichen Handlungsbedarf gibt und ob abgehakt werden kann oder etwas geändert werden muss.

Frischluft für die Demokratie. Der Bundestag ist auch dazu da, das große öffentliche Gespräch über die wichtigen Fragen dieser Zeit und seiner Arbeit »mit dem Volk« zu führen. Er ist die Volksvertretung. Er hat die ausdrückliche Aufgabe, im Auftrag des Volkes die Regeln unseres Zusammenlebens in Gesetzesform zu bringen. Wer wäre denn mehr als er zum »großen Gespräch« berufen, ja verpflichtet. Das Parlament ist am Zuge, mit den Bürgerinnen und Bürgern unseres Landes über unsere Situation und unsere Zukunftsfähigkeit in Frieden, Freiheit und Wohlstand zu sprechen. Es hat die Chance, die zentralen Themen auf seine Tagesordnung zu setzen und eine offene, öffentliche, informative Debatte zu führen. Auch jenseits von oder lange vor Gesetzgebungsverfahren, unter Einbeziehung von Expertengruppen, auch von Bürgerinnen und Bürgern aller Altersklassen. Das Bürgergespräch beim Parlament und mit ihm! Lebendigkeit und Verbreitung wären ihm wohl sicher. Auch die Kontroverse? Ja, und? Alle Kommunikationstechniken wären einzubeziehen und könnten ihre spezifischen Potenziale entwickeln.

Und zuhause in den Wahlkreisen könnten die Parteien diese Debatten verstärkend aufnehmen und verbreitern. Dazu fällt allen Beteiligten schnell eine Menge ein.

Damit könnte das Parlament auch ein Stück weit aus der Enge herausfinden, die sich aus der Überbetonung und Instrumentalisierung von Koalitionsverträgen ergibt. Denn dass diese Verträge zu dicken und ziemlich verbindlichen Arbeitshandbüchern werden, die die Arbeit und die Außenwirkung des Parlaments bestimmen und die Volksvertretung als überraschungsfreien Abwickler erscheinen lassen, ist nicht gut. Für das Ansehen und das Gelingen von Demokratie schon gar nicht.

Dass eine Regierung sich in wesentlichen internationalen Kontakten, ob mit Regierungen oder Organisationen, auf Übereinstimmung mit dem eigenen Gesetzgeber berufen können möchte und sollte, ist verständlich. Da muss Handlungsfähigkeit garantiert sein. Aber innenpolitisch müssen nicht Gesetzesvorhaben aller Art und ihre wesentlichen Markierungen und Kompromisse im Detail in Koalitionsverträgen festgezurrt sein. Da werden inzwischen zu oft rote Linien markiert, die sich in der Lebenswirklichkeit der Legislatur als eher hinderlich für gute Lösungen erweisen. Und überhaupt kommen ja nicht selten Themen von großem Kaliber im Verlauf der vier Jahre Legislatur auf den Tisch, wenn der Koalitionsvertrag schon längst beschlossen und beschworen ist. Mal ist es die globale Finanzkrise, mal die Megazuwanderung, mal die Klimakatastrophe, mal sind es faschistische Verbrechen. Und nun eine schreckliche Pandemie. Immer muss gehandelt werden, also Gemeinsamkeit im Handeln gefunden werden. Dass unsere Demokratie sich in den Ausnahmesituationen weniger überzeugend gezeigt hätte als in der Alltagsroutine, würde ich nicht sagen. Hat sie ja auch nicht.

Ich mache mir keine Illusionen: Ohne umfassende Koalitionsverträge ist Politik auch nicht einfach, besonders nicht in Annäherung an Wahltermine. Doch letztlich gilt: Verlassen sich die Partnerinnen und Partner einer Koalition auf ihren Handschlag und das gemeinsame Versprechen, im Vertrauen zueinander für das Land und seine Menschen gute Politik zu machen? Und suchen und finden die handelnden Fraktionen im Parlament die nötigen Kompromisse in der Sache und in der konkreten Situation? Und was sind die Themen, die die Menschen im Lande bewegen, interessieren, über die mit ihnen gesprochen werden muss?

Jede Koalition ist dabei immer ein Versprechen auf Zeit. Aber die zentrale Aufgabe der gewählten Abgeordneten ist das Engagement für das Land, die Gesamtverantwortung. Nicht das gegenseitige Sich-Bekämpfen und Übervorteilen. Man ist nicht gewählt, um primär die nächste Wahl vorzubereiten, sondern in der Legislatur die zeitgemäß richtige Politik anzustoßen und zu ermöglichen. Ich weiß, wie schwierig Abwägungen sein können. Auch wie nützlich für die Sache der Streit um den Kompromiss sein kann. Und wie wichtig und orientierend für die Öffentlichkeit die parteipolitische Markierung ist. Aber Abgeordnete sind nicht Entsandte der politischen Parteien, sondern immer »Vertreterinnen und Vertreter des Volkes«. Und das muss als grundlegende Orientierung erkennbar bleiben. Demokratische Parteien müssen das auch akzeptieren. Parteiprogramme lassen sich nicht einfach mit Regierungsprogrammen gleichsetzen. Das Programmatische bei Parteien beinhaltet ihre Werte und Grundsätze, an denen sie ihre Politik ausrichten. Und sie verdeutlichen Zielsetzungen, die ihnen besonders wichtig sind. In Wahlprogrammen entstehen daraus Prioritäten für die nächsten Jahre und die Wahlwirksamkeit in der jeweiligen Situation spielt eine wichtige Rolle. Das hat ja seine Logik, denn man will ja regieren. Der Koalitionsvertrag ist dann das Regierungsprogramm mit einer deutlichen Annäherung ans Exekutive. Vom Was zum Wie.

Dieses skizzierte Schema kompliziert sich weiter durch das Recht und die Pflicht der Länder, sich an der Gesetzgebung des Bundes per Bundesrat nach Maßgabe des Grundgesetzes zu beteiligen. Das kann besonders bedeutsam werden, wenn von Anfang an oder im Verlauf der Regierungszeit sich die politischen Mehrheitsverhältnisse im Bundesrat ändern und nicht mehr denen im Regierungsbündnis auf Bundesebene entsprechen. Das bedeutet nicht, dass im Föderalismus die Länder parteipolitisch willfährig den Entscheidungen im Bundestag folgen oder widerstehen. Die Länder nehmen ihre Landesinteressen wahr und das ist gut so. Wenn aber immer mehr Parteien in den Parlamenten sind und die Regierungskonstellationen sehr unterschiedlich werden (in den Ländern) oder unterschiedlich zwischen Mehrheiten in den Landesregierungen und Koalitionsmehrheit im Bundestag, können doch recht komplizierte Meinungsbildungsprozesse entstehen, die mit festgezurrten Koalitionsverträgen schwer kompatibel zu machen sind.

Das kann sich steigern bis zu Situationen wie nach dem Rot-Grün-Start 1998, als die dann bald konservative Mehrheit im Bundesrat Opposition im Bund spielte und der Vermittlungsausschuss der Ort zahlreicher Entscheidungen wurde. Auch in der nächsten Legislatur ab 2002, bei der Agenda 2010, erklärten sich einige Unebenheiten bei der Umsetzung aus dieser besonderen Bedingung. Man kann es auch so sagen: Die selbsternannten Zukunftsmänner der CDU/CSU organisierten vom Vermittlungsausschuss aus den Versuch der Übernahme der Bundesregierung durch sie bei der nächsten Bundestagswahl. Es kam anders, wie wir wissen. So spielt das Leben. Zurück zu heute.

(Zunächst aber noch ein Zwischenverweis: Im Bundesrat sitzen für die Länder nicht Abgeordnete der Länder, sondern Mitglieder der Landesregierungen als solche und nehmen gegebenenfalls Einfluss auf die Gesetzgebung. Nicht die Landtage als Landesgesetzgeber als solche. Den Landesparlamenten tut dies nicht gerade gut. Und auch auf der Ebene Europa sind die Exekutiven dominierend. Eine Hohe Zeit des Parlamentarismus erleben wir nicht gerade. Das ist kaum Kritik, eher Einsicht in die Realität und die besondere Bedeutung der nationalen Parlamente. Gerade deshalb ist der Bundestag für unsere parlamentarische und Parteien-Demokratie von großer Bedeutung und ein Hoffnungsträger. Er ist stärker, als er tut. Er kann und muss für Frischluft sorgen. – Soweit.)

Ob dies ein Plädoyer einschließt, grundsätzlich offen zu sein für Regierungsweisen, die gemeinhin Minderheitsregierung genannt werden? Ja. Ich weiß, sie haben Schwachpunkte. Aber wir sollten uns nicht vor ihnen fürchten. Sie haben auch Vorteile. Eine wirkliche Minderheitsregierung wird es ohnehin nicht geben. Wenn es im Parlament keine Mehrheit gibt für eine Gesetzesinitiative, wird es dieses Gesetz nicht geben und die Exekutive kommt auch nicht in die Verlegenheit, diesen Versuch eines Gesetzes umsetzen zu müssen. Bange machen gilt nicht.

Bei all dem ist richtig: Volksvertretungen haben in Sachen Gesetzgebung zu entscheiden, nicht Parteigremien, die von außen zu steuern versuchen. Die Parteiendemokratie, die wir ohne Zweifel auch sind und sein wollen, darf die repräsentative Demokratie nicht dominieren. Denn die ist das Herzstück unserer Verfassung per freier und geheimer Wahl. Das ist immer ein Balanceakt, wohl wahr, doch auch so können Dinge schiefgehen. Aber ich bleibe dabei, das Parlament ist die Chance und eine Bedingung für das Gelingen einer Demokratie, die in diese Zeit passt. Machen wir die Volksvertretungen stark. Sonst bewegen wir uns Richtung Präsidialsysteme und die Meinung des Volkes sucht sich andere Wege als die gewählten Vertretungen. Was die Rolle der demokratischen Parteien weiter schmälern würde.

Und gerade wenn die Parteien in ihrer gesellschaftspolitischen Funktion die Bündelung der Meinungen der Wählerschaft und die großen Kompromisse in der Umsetzung nicht mehr belastbar organisieren und mehrheitsfähig machen können, kann und muss das Parlament mit seiner vergleichsweise großen Souveränität diese Aufgabe stärker als bisher übernehmen und Nützliches bewirken. Wenn man das so sieht und möchte, muss man es wollen, nicht abwarten, was sich entwickelt. Es geht um etwas Zentrales, um den Beweis der Standhaftigkeit und Überzeugungsfähigkeit der Demokratie. Sie muss aber auch selbst diese zeitgemäße Akzentuierung wollen.

An dieser Stelle ein paar Gedanken zum Populismus, dieser Unfähigkeit oder Unwilligkeit zu qualifizierter Kritik, einer Kritik, die in der Demokratie möglich ist und die hilfreich bis nötig sein kann. Die aber immer öfter und ungenierter im platten Destruktiven ihre Selbstbestätigung sucht.

Noch vor wenigen Jahren wurde einem, wenn man Populismus konstatierte und kritisierte, oft entgegengehalten, populär zu sein und populär zu reden seien doch politische Tugenden. Und so weit weg vom Populären sei der Populismus doch gar nicht. Ganz entschieden zurückweisen mochte man das manchmal nicht, ein Quäntchen Wahrheit war ja dran.

Aber diese Phase der Populismus-Debatte liegt hinter uns. Es ist längst klar geworden, dass da welche am Werk sind, die keineswegs nur den Menschen nach dem Munde reden wollen oder schwierige Entscheidungen fröhlich vermitteln oder raffinierten Wahlkampf führen. Nein, es geht nicht um Reklame und Verkaufstricks. Es geht den Ideologen des modernen Populismus und ihren Kumpanen um nicht weniger als die Attacke auf die Gleichwertigkeit der Menschen, das heißt auch: um die Beschädigung und Zerstörung des Kerns der Demokratie. Sie versuchen, die Mechanismen der Demokratie lächerlich zu machen. Die Köpfe und Strippenzieher dieser Bewegung sind nicht nur eitle Spieler. Sie sind Verächter der Demokratie, die selbst Macht haben wollen, um die Dinge nach ihren Vorstellungen zu gestalten. Dazu nutzen sie das Instrument und die Ideologie der völkischen Herrschaft, die man auch Faschismus nennen darf. Verhindern kann man den Versuch dieser Menschen nicht, aber wirklich Macht bekommen dürfen sie auch nicht und müssen sie nicht. Es darf uns dabei nicht beruhigen und zögerlich machen, dass dort die Figuren der wirklich harten Art nur wenige sind und ihre Klatschkolonnen ziemlich einfältig, Leute, die gerne pöbeln. Und das wissen die Ideologen und Taktgeber ja auch selbst. Doch das stört sie nicht und ist ihnen auch nicht peinlich. Sie brauchen Mitläufer, lenkbare Mitläufer. Und – das zeigen die Geschichte und der Blick rundum heute – Mitläufer finden sich immer und schnell und hinreichend viele, an so ziemlich allen Stellen in der Gesellschaft. Und sie merken nicht einmal, dass und wie sie von ihren Führern missbraucht werden. Die Stunde der Bewährung für uns Demokratinnen und Demokraten ist jetzt und nicht erst, wenn die wenigen konsequenten Demokratiefeinde Macht gewonnen hätten. Jetzt müssen sie gestoppt werden.

Es bleibt wichtig: Das gegenseitige Grundvertrauen zwischen den demokratischen Parteien muss belastbar bleiben: Auch der Konkurrent und politische Gegner wird die Demokratie nicht schleifen, wenn er in Wahlen Macht gewinnt. Und dieses gegenseitige Vertrauen – denke ich – hat sich belastbar entwickelt in dieser deutschen Demokratie. Ein dickes Plus. Auch spürbar im Corona-Jahr 2020. Herbert Wehners Rede im Juni 1960 im Bundestag, als er Adenauers frühe und bei uns Sozialdemokraten umstrittene strikte Westorientierung als demokratisch legitimiert und nun verbindlich für unseren Staat wertete, auch für mögliche Zeiten sozialdemokratischer Regierung, ist da ein Baustein. Und ein anderer: Helmut Kohls klare Akzeptanz der Ergebnisse der Ostpolitik von Willy Brandt und Helmut Schmidt, obwohl er selbst lange Zeit Gegner der Ostvertragspolitik gewesen war.

Das sind markante Beispiele für das Gelingen dieser Demokratie.

Die knallharte Debatte um den richtigen Weg in der Gegenwart und in die Zukunft war damit und ist damit nicht beendet und nicht entschieden. Wir dürfen sicher sein: Streit im

Grundsätzlichen und im Konkreten wird bleiben. Auch unter demokratischen Parteien, in ihnen auch. Themen und Anlässe gibt es reichlich. Und das ist in Ordnung. Wettbewerb und Streit im demokratischen Raum werden im Kampf gegen völkische Tendenzen den demokratischen Parteien sogar helfen.

Denn es wäre riskant, wenn die Le Pens Europas es überall nur mit der einen Bewegung zu tun hätten und nicht mit einer ganzen Schar von Gegnern, die im politischen Alltag miteinander ringen, die aber sicher sind, dass sie kein Messer in den Rücken bekommen und die gemeinsam für die Demokratie arbeiten. Nach vorne. In diesem Sinne will ich hier die Beschäftigung mit diesem Aspekt abschließen.

Ein Verhalten der Union, das dieses Thema auch berührt, braucht allerdings noch eine kurze Intervention.

Ich meine die Gleichstellung von »Die Linke« und »AfD«.

Wenn man die beiden vergleichen will, kann man sich auf vor 1945 beziehen, auch auf nach 1945/49, auch auf 1990 bis heute. Die Zeit vor 1945 lasse ich hier außen vor, aber nach 1945 wurde die Bevölkerung ja nicht ausgewechselt, sondern sammelte sich im Westen in oder hinter überwiegend neuen demokratischen Parteien und in der SPD als der alten demokratischen Partei.

Zu SED und DDR weiß ich zu wenig, wenngleich zu diesem Thema auch da sicher manches anzumerken wäre. Heuchelei gab es im Osten nicht weniger als im Westen.

Ich bin bei heute: Der Linke Ramelow lebte vor 1989 in der Bundesrepublik, der Rechtsextreme Höcke auch. Dass Ramelow Demokrat ist und auch 2020 einen Beitrag leistet für einen demokratischen Weg, auch für den Weg seiner Partei »Die Linke«, wird niemand ernsthaft bestreiten wollen. Man muss ihn dafür nicht streicheln, denn er verhält sich, wie es von einem Demokraten zu erwarten ist, also normal, manchmal kritikbedürftig. Aber man muss das doch feststellen und anerkennen. »Die Linke« und »AfD« sind nicht die Ränder unserer Demokratie, sondern die »AfD« ist in ihren Grundsätzen außerhalb von ihr. Und das ist ein schwerwiegender Unterschied.

Ja, es gab für die SPD, mindestens für viele von uns, gute Gründe, mit Lafontaine und seiner neuen Partei nicht zusammenzuarbeiten. Seit 2005. Sein Verhalten im März 1999, seine gleichzeitigen Rücktritte vom Ministeramt, vom Parteivorsitz und als gewählter Abgeordneter (!) waren ein Schock – aber man konnte sich noch die Hand geben. 2005 war der Bruch. Lafontaine hat 2005 mit der Bildung der Partei »Die Linke« aus WASG (West) und PDS (Ost) wenige Wochen vor der Bundestagswahl gezielt und leider erfolgreich versucht, die Niederlage der SPD bei der Bundestagswahl 2005 zu bewirken. Das war Verrat an seiner langjährigen Partei, der SPD, und seinem eigenen langjährigen Wirken als Sozialdemokrat und Parteivorsitzender, zugunsten der konservativen Parteien. Wie hätte man ihm je wieder trauen können? Lafontaine schweigt weitgehend und ist nicht mehr die Identifikationsfigur der Partei »Die Linke«. Der Zusammenarbeit mit der »Linken« stehen nicht mehr solche auch persönlichen Belastungen und nicht mehr Grundsatzfragen im Wege.

Was wesentlich geblieben ist: die Verweigerung in Teilen der »Linken« in Fragen internationaler Mitverantwortung. Das ist eine erstrangige Frage, sollte aber bei der Partei »Die Linke« nicht unüberwindlich sein. Es wird mit Blick auf die Zukunft ein entscheidender Punkt sein. Für alle.

Zum Klärungsbedarf heute: Wer Ramelow und Höcke auf gleichem demokratischem Niveau sieht, der hat mindestens einen schweren Sehfehler. Will er Ramelow diffamieren oder Höcke entlasten? Oder – vorausschauend auf 2021 – ein unsauberes Argument schärfen, das eine Koalition im Mitte-links-Spektrum vorbeugend ausschließen soll? Wir werden es noch erfahren.

Zurzeit hat nur eine Person in der CDU volle Kompetenz und Handlungsmacht, die sich hier außerdem aus den eigenen persönlichen Erfahrungen ergeben. Anders als bei Persönlichkeiten der CDU, die im Saarland oder NRW zuhause sind. Und deshalb: Sehr geehrte Frau Bundeskanzlerin Merkel! Sagen Sie es für sich und für die CDU, dass die Gleichstellung von »Die Linke« und »AfD« nach Ihrem Wissen und Willen 2020 obsolet ist. Es wäre ein wichtiger Dienst für unser Land und die Glaubwürdigkeit unserer Demokratie.

Zurück zur Rolle der Parteien, hier am Beispiel SPD:
Als die SPD sich 1959 auf ihrem Parteitag in Bad Godesberg aufs Regieren vorbereitete, beschrieb sie ihre eigene Position und deren Entwicklung im abschließenden Kapitel »Unser Weg« so: »Die Sozialdemokratische Partei ist aus einer Partei der Arbeiterklasse zu einer Partei des Volkes geworden.«

Es lohnt sich, sich daran zu erinnern und es ernst zu nehmen. Was war damals damit gemeint? Sie wollten die Kräfte, die durch die industrielle Revolution und durch die Technisierung aller Lebensbereiche entstanden, in den Dienst von Freiheit und Gerechtigkeit für alle stellen. Seitdem ist viel geschehen. Besonders die Regierungszeiten mit Willy Brandt, Helmut Schmidt und Gerhard Schröder haben die SPD als Volkspartei erkennbar gemacht und geprägt. Trotzdem bleibt dies eine sensible Stelle für unser Selbstverständnis als Sozialdemokratie, unsere Einordnung ins Parteienspektrum und unsere Aussicht auf Regierungsfähigkeit. Meistens entzündet sich die Debatte an der Gerechtigkeitsfrage und mancherlei konkreter, offensichtlicher Ungerechtigkeiten. Das ist gut so und muss eines unserer sozialdemokratischen Erkennungszeichen bleiben.

Gerechte Verteilung ist wichtig, aber sie reicht nicht. Gerechtigkeit ist für die große Mehrheit der Menschen nicht primär eine Nothilfefrage, sondern eine umfassende Frage von Befähigung des einzelnen Menschen und von Wohlstandsfähigkeit des Landes. Das beginnt bei Bildung und Ausbildung und wird von jedem Politikbereich mehr oder weniger stark berührt. Es geht um Gerechtigkeit auf gutem Niveau für alle. Und wer solche Gerechtigkeit will, der weiß auch, neben dem Genannten sind auch unverzichtbar: Bildung, Forschung und Entwicklung, Gleichstellung, Gewerkschaften und Unternehmen, Dienstleistung, Produktion, Handel weltweit, heile Umwelt, soziale Sicherheit lebenslang und auch im Alter, Teilhabe und Teilnahme für alle. Es gibt deshalb kein Ministerium, das für eine erfolgreiche sozialdemokratische Politik nicht von großer Relevanz wäre. Auch insofern also: Volkspartei!

Das Parteiprogramm und das Wahlprogramm müssen das Ganze im Blick haben. Wir wollen Gesamtverantwortung und wir können ihr gerecht werden. Das Wahlprogramm verdient besonderes Augenmerk. Es muss der Breite dieses politischen Ansatzes genügen. Als Konzentrat, systematisch und zielgerichtet. Volkspartei ist ein großer Anspruch und eine schwere Aufgabe. Für die SPD als Partei ist dies aber auch ein wesentlicher Beitrag dazu, in dieser für uns und unsere Demokratie schwierigen Zeit nicht zu einer exzentrischen Oppositionspartei zu verkümmern, die sich im Dagegen-Sein genügt. Wir wollen und können gestalten. Dies alles ist eine neue Chance, an der Spitze des Landes wirken zu können und diese Phase wird kommen. Wir dürfen nicht unserem alten Hang folgen, uns zu schmal statt selbstbewusst breit zu machen. Wir wollen aktiv gestalten. Und das umfasst das ganze Leben.

2017 war die SPD angesichts des Wahlergebnisses bei der Bundestagswahl nicht auf Eintritt in eine Regierungskoalition gestimmt und zunächst auch nicht gefragt.

In den Koalitionsverhandlungen verweigerte sich die FDP jedoch der angestrebten Zusammenarbeit mit Union und Grünen. Schon 2005 hatte sie sich einem Gespräch über die mögliche Zusammenarbeit in einer Rot-Grün-Gelb-Ampel entzogen.

Diese wiederholte Verweigerung macht nicht die liberale Idee entbehrlich, ist aber zu einer schweren Hypothek für die FDP geworden. Und ein Lehrstück.

Für die SPD war die Verweigerung der FDP 2017/18 eine Herausforderung, aber der Mut zur GroKo hat sich gelohnt. Wenn heute – wie eine große Minderheit in der SPD es wollte und die FDP es mit Regierungseintritt hätte erwirken können – die Sozialdemokratie in der Opposition säße und nicht in der Regierung wirken könnte, wäre die Perspektive für die SPD trister.

Natürlich konnte niemand die Pandemie und deren Herausforderungen ahnen. Und die guten Leistungen (auch) des sozialdemokratischen Teils der Bundesregierung sind keine Garantie für die Perspektiven 2021. Aber es bewahrheitet sich in diesen Monaten doch die alte Faustregel: Regierungsfähigkeit zu beweisen und immer Regierungswilligkeit zu demonstrieren steht jeder demokratischen Partei gut zu Gesicht.

Die Wahlentscheidung liegt dann bei den Wählerinnen und Wählern. Aber die können sich von denen, die gewählt werden wollen, um nicht zu regieren, am wenigsten versprechen. Man muss Fehler ja nicht wiederholen.

Demokratie ist Staatsform, aber sie ist auch Lebensform. Gegenseitige Akzeptanz ist die unverzichtbare Grundlage für gutes Miteinander. Und Solidarität ist dabei der zentrale Wert.

Freiheit und Gerechtigkeit und Frieden und im möglichen Umfang Sicherheit sind Aufgaben des Staates. Solidarität kann er empfehlen, in Maßen ermöglichen, aber nicht durchsetzen. Solidarität erweist sich in der Art und Weise des Umgangs der Menschen miteinander. Solidarität kann still und ohne jedes Getue geschehen. Aber Solidarität ist sehr wohl auch als organisierte und propagierte Aktivität möglich. Beides gibt es längst. Manche tun Gutes, ohne darüber zu reden. Andere bringen ihre spezifischen Fähigkeiten oder Euro ein und steigern so die Effizienz wirkungsstarker Organisationen, die sich der praktischen Solidarität verschrieben haben. Oft arbeiten da Hauptamt und Ehrenamt effizient zusammen. Und die Organisationen werben für ihr Tun. Mit recht. Man darf über das Gute sprechen, das in unserer Gesellschaft und anderswo passiert. Begeisterung steckt an.

Beide hier erwähnten Aktionsformen sind gut. Aber Platz nach oben gibt es noch jede Menge. Und doch: Bei aller Sorge und allem Verhängnis, die die Corona-Krise mit sich brachte, blitzte auch da wieder Bereitschaft auf, der Nachbarin, dem Bekannten, der Familie zu helfen, mit der Furcht und den Widrigkeiten des Alltags klarzukommen. Ja, die Meldungen und die Erkenntnis waren gut: Zahlreiche Menschen, die einsam in ihren Wohnungen sind, erhalten Zuspruch und konkrete Hilfe von Nachbarn und anderen Engagierten. Kleine Meldung aus einer Kommune: Nach Aufruf meldeten sich 95 Hilfsbereite. Aber nur sechs kamen zum Einsatz. Viele Hilfsbedürftige meldeten: Wir haben schon Hilfe, wir kommen klar.

Das ist gut so und das passt: Demokratie als Lebensform lädt uns ein, sich einzumischen und mitzutun. Ohne Anweisung. Es geht darum, Lebensqualität zu sichern. Was das im Einzelfall bedeutet? Sich einlassen auf die Probleme des anderen und versuchen zu helfen. Tausend Dinge können das sein. Eines ist oftmals das Wichtigste: dem anderen Menschen Zeit zu widmen. Miteinander reden. Das andere findet sich. Das ist Alltag für viele, war es auch schon lange vor der Corona-Zeit und erlebt jetzt ein neues Hoch. Wir achten mehr aufeinander. Man wird gefragt: Wie geht's dir bei Corona? Gesund und munter? Das interessiert die wirklich. Ich finde das gut. Umarmung und Küsschen-Küsschen entfallen, aber man sieht sich an. Ein Verzicht muss das nicht sein.

Und man hofft im Blick nach vorn doch wieder, dass diese unspektakulären, aber wichtigen Solidar-Aktivitäten, die so viel auch an eigener Lebensqualität mit sich bringen, nicht wie befürchtet schrumpfen, wenn der wachsende Hang zu Singularitäten dominanter wird.

Was ist eigentlich wichtig? Die Frage kommt in diesem Jahr 2020 wieder stärker und öfter auf. Mal sehen, ob das eine Prägung wird oder nur ein Abziehbild ist. Betätigungsmöglichkeiten gibt es jedenfalls als eine große und auch bunte Palette. Und das ist mal wieder klar: gutes Potenzial ist vorhanden. Zivilgesellschaftliches Engagement und Ehrenamt sind weit verbreitet. 23 bis 25 Millionen – vielleicht mehr – sind aktiv, in Sportvereinen und Kirchengemeinden, bei der Freiwilligen Feuerwehr und Hospizgruppen und Gesangvereinen. Kommunalpolitik machen gehört ganz eindeutig dazu. Wenn 2021 der Armuts- und Reichtumsbericht des Bundes veröffentlicht wird, findet sich darin zu diesem Kapitel nicht das meiste. Wenn es aber dieses Engagement der vielen nicht gäbe, wäre die Lebensqualität im Lande sehr schnell deutlich geschädigt. Wir wären wirklich arm.

Die Gründung der DSEE – Deutsche Stiftung Ehrenamt und Engagement –, Anfang des Jahres 2020 vom Deutschen Bundestag beschlossen, ist ein sinnvoller Versuch, diesem

Teil unserer Demokratie zusätzliche Impulse vor Ort zu geben. Möglichst unbürokratisch, stützend, soweit es schon Aktivitäten gibt, aber auch neue Impulse fördernd. Gerade in dieser Corona-Zeit wird deutlich, wie zentral die konkrete Situation vor Ort für die Menschen ist. Bund und Länder können beim besten Willen der Vielfalt der kommunalen Lebensbedingungen mit allgemeinen Gesetzen und Anordnungen nur unzureichend genügen. Die Menschen leben unterschiedlich stark verankert, aber doch überwiegend bewusst und gerne in ihrer Kommune. Und vor allem da beteiligen sie sich am gesellschaftlichen Miteinander, aus dem sich Engagement und Ehrenamt entwickeln. Die Kommunen sind eine tragende Säule der Demokratie und nicht ihr Kellergeschoss. Sie stärken Demokratie. Sie sind Demokratie.

Zur Lebenswirklichkeit dieser Zeit, auch und sogar gerade vor Ort, gehören aber auch unerfreuliche Realitäten: die Verrohung der Sprache und die böswilligen Beschimpfungen und Verhöhnungen, auch Gewaltattacken, die Feuerwehren und Rettungssanitäter und Polizei verstärkt erfahren haben. Auch die Aktiven beim Arbeiter Samariter Bund machten solche hässlichen Bekanntschaften. Böse Blicke und verächtliche Worte gibt es auch für und von Menschen, die aus anderen Teilen der Welt nach Deutschland gekommen sind. Lüge und Hass und Gewalt werden häufiger. Und man schämt sich auch nicht mehr dafür. Es sind keine Ausrutscher, es ist System. *Das betrifft Kommunen und das Land insgesamt.* Die Vernetzungen zu Menschen anderswo, auch weit weg in der Welt, spielen eine Rolle. Aber wir dürfen uns vor Ort damit nicht rausreden. Wir müssen in Wort und Tat unmissverständlich sein: Demokratie ist für uns eine Lebensform, konsequent. Wir lassen uns nicht provozieren und auf widerliches Niveau nicht ein. Wir lassen uns die Demokratie nicht kaputtmachen, nicht als Staat, nicht als Gesellschaft. Klare Sprache, eindeutiges Verhalten. Wenn die demokratisch Engagierten sich unterhaken, ist das ein klares Zeichen. Wir sind die Mehrheit, nicht nur bei Wahlen.

Kommunen also als zentrale Orte praktischer, gelebter Demokratie, vom Dorf bis zur Großstadt. Jede Kommune ein Unikat mit eigener Geschichte, mit speziellen Stärken und Problemen. Sie brauchen Aufmerksamkeit und Unterstützung für die Gestaltung von Gegenwart und Zukunft. Ein hoch angesiedelter »Rat der Oberbürgermeister/innen und Bürgermeister/innen« wäre ein sachkundiger und sicher beachteter Impulsgeber für die Zivilgesellschaft und für Bund und Länder. Er wäre auch ein wichtiger Partner für bürgerschaftliches Engagement und eine Quelle fürs kommunale Gespräch, mit Aufmerksamkeit gehört. Die Etablierung des Nationalstaates 1871 mit einem starken Zentrum und mit Hauptstadt war ein Fortschritt, der sich aus zeitgeschichtlichem Wandel erklärte. Der besonders zähe Weg der zahlreichen deutschen Lande hin zu einem gemeinsamen Staat, der dann gleich auch wieder ein Kaiserreich wurde, spielt in unseren ererbten Vorstellungen wohl auch noch eine Rolle. Insgesamt aber ist die gute föderale Idee von der maßgeblichen Bedeutung leistungsfähiger Kommunen und Regionen nicht mehr ausreichend abgebildet im – gesunden – Kompetenzstreit zwischen Bund und Ländern. Die Leidtragenden sind die Menschen in denjenigen Kommunen und Stadtteilen und Regionen, die nicht aus eigener Kraft den berechtigten Erwartungen ihrer Bevölkerung gerecht werden können.

Die Föderalismusreformen im vergangenen Jahrzehnt haben daran offensichtlich wenig geändert. Der soziale Wohnungsbau kam in die Zuständigkeit der Länder, Geld dafür floss bis 2018 vom Bund an die Länder. Aber die aufwachsenden Probleme am Wohnungsmarkt und bei den Wohnkosten kamen so nicht in den Griff.

Leistungsschwächere Kommunen oder Stadtteile gibt es wohl in allen Ländern. Aber die schwachen Kommunen in den schwachen Ländern trifft es am stärksten. Das wiederum hat langanhaltende Auswirkungen auf Bevölkerungsstruktur und -zahl. Auch auf das Ansehen der Demokratie. Wo Ärgernisse entstehen und damit Probleme und Enttäuschungen bei den Bürgerinnen und Bürgern, von wem auch immer ausgelöst, wird das schnell der Demokratie angehängt, die dann »der Staat« heißt. Und die Komplexität der Entscheidungsbildung macht es in der Tat oft schwer, die Verantwortung genau zuzuordnen. Das exekutive Handeln, gesetzlich vorgeschrieben und von den Regierungen in Bund und Ländern ausgelöst, kommt vor Ort nicht selten recht unterschiedlich an. Auch im Interesse unserer Demokratie darf uns das nicht egal sein.

Die Gleichwertigkeit der Lebensverhältnisse in allen Landesteilen, sprich Kommunen und Kreisen, vom Dorf bis hin zum großen Stadtteil, braucht neue Impulse. Für die schwächeren Kommunen reicht es sonst nicht zum konstruktiven Gestalten für morgen. Das muss sich ändern, auch weil das Bedingung ist für das Gelingen von Demokratie. Sich darum zu kümmern, bedeutet eine Stärkung dieser Demokratie – wahrscheinlich. Das nicht zu tun und das Problem aussitzen zu wollen, ist eine große Gefahr für sie – mit absoluter Sicherheit.

In der positiven Variante klingt die Hymne auf den Föderalismus recht ermutigend, und sie soll auch nicht verschwiegen sein: Föderalismus ist die sympathische und tragfähige Idee, den Staat handlungsstark zu halten, aber nicht übermächtig zu machen. Und Föderalismus kann der Weg sein, der Gesellschaft vielfältige Formen der Mitverantwortung und der Gestaltung des Zusammenlebens zu eröffnen. Und den Einzelnen – jeder und jedem – Selbstbestimmung zu garantieren, jedenfalls zu ermöglichen, Teilhabe und Teilnahme.

Föderalismus weiß, dass es ohne Hierarchie nicht geht. Aber er weiß auch, dass die Erde rund ist und dass oben und unten relativ sind.

Über den stolzen Nationalstaat schmunzelt der selbstgewisse Föderalismus. Über die eilfertigen Länder, die gerne selbst Staat spielen, auch. Über Kommunen, die sich autark fühlen, auch.

Seine eigene Ausdehnung ins Internationale findet der Föderalismus eine gute Idee, die Rückenwind bräuchte. Ansehnliche »Botschaften« bundesdeutscher Länder am EU-Sitz in Brüssel sind sichtbare Zeichen für ein sehr gesundes Selbstbewusstsein bei diesen Ländern. Der Föderalismus weiß, er ist das legitime Geschwister der Demokratie. Etwas vorsichtiger, aber doch.

Der Föderalismus ist in der Zeit der Globalisierung nicht am Ende, er hat seine multilateralen Perspektiven. Er ist Hans Dampf in allen Gassen. Horizontal und vertikal. Er hat seine Chancen. Und die können helfen gegen zu viel »Verstaatlichung«. Unser Föderalismus kann egoistisch wirken und kleinkariert, aber auch elastisch und bedarfskonform. Er ist nicht sakrosankt, aber im Prinzip und in der Praxis meistens ein Vorteil für unseren Staat und für uns, die Bevölkerung. In der Corona-Zeit hat er sein Selbstbewusstsein und meistens auch seine Rolle gefunden. Gut, dass wir ihn haben.

Die Glaubwürdigkeit von Demokratie hat auch eine Menge zu tun mit der Kurzatmigkeit von Politik (meistens, nicht immer) und der Langfristigkeit von Perspektiven (manchmal, eher öfter). Dazu sind auch 2020 einige Anmerkungen fällig.

Die Legislatur dauerte damals von 2002 bis zur vorgezogenen Bundestagswahl 2005. Im März 2003 wurde ein 2002 angekündigtes Maßnahmenpaket dem Bundestag durch den

Bundeskanzler vorgestellt. Wir kennen es als »Agenda 2010«. Die Jahreszahl deutete 2003 schon an, dass wir für die Umsetzung eine längere Phase erwarteten. In der folgenden Periode – 2005 bis 2009 – erfolgte auch die Gesetzgebung zur Anhebung des gesetzlichen Renteneintrittsalters auf 67 Jahre mit der Perspektive 2031. Wahlkampfberater sahen beides mit Skepsis, als »immerwährende Kritikpunkte«. Beide Entscheidungen haben sich positiv auf Konjunktur und Arbeitsmarkt und auf die Stabilität der Gesetzlichen Rentenversicherung ausgewirkt. Beide Initiativen wurden aber auch zu Schimpfworten geformt, die besonders mit der SPD verknüpft und in Wahlkämpfen massiv gegen uns verwandt wurden. Auch personalisiert wurden. Das hätte weniger funktioniert, wenn das Feuer nicht aus eigenen Kreisen und der näheren Verwandtschaft gefüttert worden wäre. Das macht die Entscheidungen nicht falsch, denn nur mit längerfristig umzusetzenden Entscheidungen – wie jetzt die UN-Agenda 2030 in Sachen Klimaschutz – lässt sich der gewünschte politische Erfolg überhaupt erreichen. Aber die Kurzatmigkeit politischer Entscheidungen erklärt sich ein Stück weit daraus und ist verständlich – und falsch. Wir brauchen mehr Zeitperspektive im politischen Handeln. Der klare Blick reicht nicht, die rechtzeitige klare Tat ist unentbehrlich. Um Missverständnissen vorzubeugen: Der Verlängerung der Wahlperiode des Bundestages wäre das falsche Rezept. Die sinnvolle Kürze der Legislatur und die zwingende Langfristigkeit politischer Projekte sind unvermeidlich. Damit verantwortlich umzugehen, ist politische Kunst und eine zentrale Bewährungsprobe der Demokratie.

Vier knappe Anmerkungen zu Perspektiven unserer Demokratie:
1. Gleichwertigkeit der Lebensverhältnisse in allen Landesteilen. Da ist was im Rutschen, teils in gefährlicher Weise. Kom-

plexe Probleme bauen sich auf. Die Kommission der Bundesregierung, die sich mit diesem Thema beschäftigt, ist ziemlich leise geblieben, ihre bisher bekannten Ergebnisse sind schmal. Selbst Gutwillige haben nicht das Gefühl, dass die nötige Bewegung kurz bevorstünde. Ein Jahr Arbeitszeit für dieses Thema bleibt noch für die Koalition, um wirklich aktiv zu werden. Es ist wichtig. Auch für das Ansehen unserer Demokratie.

2. Nachhaltigkeitspolitik in Sachen Demografie / Wanderungen / Integration. In der Regierungszeit Schröder wurde der Rat für Nachhaltigkeit bei der Bundesregierung eingerichtet, und der Bundestag hat seit 2004 einen Unterausschuss, der sich auch genau um dieses Thema kümmern sollte. Viel Aufmerksamkeit bekamen die Anstrengungen, die es vergleichbar auch auf der EU-Ebene gibt, nicht. Eine Gemeinschaftsaufgabe könnte hilfreich sein, diesen Themenkomplex wirksam anzugehen. Kurzatmigkeit führt zum Löcher stopfen. Das kann in der Not ehrenhaft sein. Aber es reicht nicht. Diesem Thema droht in und nach Corona das Vergessen und Verschweigen. Das wäre ein großer Fehler. Integration und Migration sind Spitzenthemen für Jahrzehnte – mindestens.

3. Die Klimakrise erledigt sich nicht von alleine, aber möglicherweise die Welt, wenn die Prognosen stimmen. Die Warnung der Engagierten (vielen jungen Menschen) hat ihre Berechtigung. Auch die Ungeduld. Zwar gibt es Anstrengungen von Gewicht und Wirkung, weltweit und bei uns. Aber bisher nicht umfassend und intensiv genug: Internationale Initiativen sind unverzichtbar. Nationale Anstrengungen sind auch unverzichtbar. Individuelle auch. Niemand und keiner kann sich freisprechen von der Mitverantwortung. Im Großen und täglich konkret persönlich. Und die Protagonisten dieser Anti-Klimakatastrophen-Politik müssen den Marsch demokratisch antreten. Rein in die demokratischen Parteien oder neue Parteien gründen und rein in die Parlamente und

Verantwortung übernehmen. Es darf nicht auch noch jemand zu flüstern anfangen, dass »für ein gutes Klima keine Demokratie erforderlich« sei. Dass die Gedanken frei sind, ist wahr und gut, reicht aber nicht. Es kommt aufs Handeln an. Das Wahlalter sollte auf 16 Jahre gesenkt werden. Sofort.

4. Generationengerechtigkeit ist ein Schlagwort, nicht selten missbraucht. Immerhin mit einer kulturübergreifend langen Tradition, wie man weiß, wenn man 80 ist: Die Jungen und die Alten. Ein altes ewig junges Thema. Ich finde, es war schon mal brisanter. Aber obsolet ist es nicht. Der Wandel ist permanent, trifft die Generationen aber unterschiedlich, mit mehr Chancen oder mehr Risiken.

Die Loyalität zwischen den Generationen ist nicht in Gefahr, zumindest nicht substanziell. Aber auch hier gilt: Rechtzeitig Weichen stellen, denn die demografischen Entwicklungen stellen die Sozialsysteme vor Herausforderungen und krempeln Teile des bisherigen gesellschaftlichen Lebens um. Das Senioritätsprinzip verliert seine übergreifende Selbstverständlichkeit, zumindest in einigen Berufsbereichen.

Und Digitalisierung und KI und Demenz könnten hier auch noch angefügt werden in der Dringlichkeitsliste zur Nachhaltigkeit.

Für dies alles gilt: Aufklärung, klare Worte und Streit um den richtigen Weg zur frühen Zeit – das führt leicht zu Risiken und Widerstand dauerhaft, ja. Und man hat nicht einmal totale Sicherheit aufs Gelingen auf der länglichen Strecke. Alles wahr und abzuwägen.

Aber mit dem Pathos Bebelscher Worte gilt gleichfalls:
»... Vorurteilslosigkeit ist das erste Erfordernis für die Erkenntnis der Wahrheit, und rücksichtsloses Aussprechen dessen, was ist und werden muss, führt allein zum Ziel.«

Es geht hier mal wieder um die altbekannte Frage, für was man sich als Politik entscheiden soll, wenn man mit der klassischen Alternative konfrontiert wird.

Erste Frage:
Welche Politik ist die beste für die Menschen in unserem Land und damit für das Land selbst?

Zweite Frage:
Was müssen wir versprechen, betonen oder beschweigen, um gewählt zu werden?

Die Antwort kann ein Stolperstein werden und ist es nicht selten, so oder so. Denn die Antworten auf diese beiden Fragen sind unterschiedlich, oft bei denen, die einen bei der letzten Wahl gewählt haben, und auch bei denen, die einen nicht gewählt haben. Schwierig also. Man versucht zu erklären, dass die eigene Politik für den Einzelnen und für das Land die bestmögliche ist. Oder überwiegend. Oder in vielen Punkten. Oder an speziellen Punkten. Und muss aufpassen, dass nicht der Einzelne oder das Land ein schlechtes Gefühl bekommen, vielleicht sogar alle: der / die Einzelne und das Land.

Bebel wirkt da reichlich apodiktisch, aber er trifft den Kern. Klarheit schaffen im eigenen Kopf und im eigenen Programm. Sagen, was man erreichen will. Sagen, auf welchem Weg, also wie man es erreichen will. Der Vorteil: Die Menschen merken, dass man selbst überzeugt ist und weiß, was man will. Das schafft Vertrauen. Und die Vertrauenswürdigkeit, die was mit Kompetenz und Verantwortungsbewusstsein zu tun hat, wird oft das stärkste Argument bei der Wahlentscheidung. Die Gefälligkeit von Versprechen ist weniger wirksam als die Frage ihrer Glaubwürdigkeit.

Ob man denn eine Demokratie, eine Gesellschaft und den Staat auf Ausnahmesituationen wie diese Corona-Zeit und die Folgen vorbereiten kann? Nein, sagt man sich zuerst, denn dazu hätte man es wissen, mindestens ahnen müssen. Wie hätte man das können? Es gibt beim Staat Notfallhandlungskonzepte (Katastrophenschutz) generell, aber der spezielle Verlauf dieser Pandemie war so nicht zu erwarten. Aber für das nächste Mal gilt dieses Argument nicht mehr und würde zur schalen Ausrede.

Also?

Es geht also darum, alle erreichbaren Fakten zu sammeln und minütig, stündlich, permanent die Entwicklung zu analysieren. Konzepte zu haben. Und zu handeln, wann und so wie es möglich und verantwortbar scheint. Und dies alles kommunikativ ehrlich zu begleiten, deutlich, erklärend, realistisch und Mut machend, für Unterstützung werbend. Die Aufgabe konnte in diesem konkreten Falle nur heißen: Risiken reduzieren und möglichst bald und umfassend beherrschen, das Schlimmste verhindern und gleichzeitig mutig die richtigen Wege finden in ein Zusammenleben, das das Corona-Virus fest im Blick und möglichst bald unter Kontrolle hat, aber nicht (mehr) von ihm beherrscht wird.

Was macht so etwas wie diese Pandemie mit der Demokratie? Mit uns? Nochmal die Frage, ob man sich, das Land, auf Ausnahmesituationen wie diese und die Folgen vorbereiten kann.

Im Speziellen nicht, das ist oben richtig beschrieben. Aber in einem wesentlichen Punkt doch. Und da, in der demokratischen Substanz, waren wir gefestigt und insofern »eingerichtet« für solche Situation. Wir hatten Vertrauen in unsere Demokratie und in die, die in dieser Zeit besondere Verantwortung tragen. Dass sie sich so eng wie nur möglich an demokratische Vorgaben halten und die Situation nicht zur Verstümmelung der Demokratie missbrauchen. Und da ging es nicht primär um ein Personenranking, sondern um das gefestigte Vertrauen in Parlamente und Regierungen in Bund und Ländern und Kommunen. Es ging um Vertrauen in unsere gefestigte Demokratie. Wir hatten Furcht vor dem Virus, aber keine Panik und keine Angst vor der Zukunft. Dieses Land vertraut seiner Demokratie und den Demokratinnen und Demokraten, die das Schiff in unruhiger Zeit zu steuern haben. Besser, es hätte nicht Beweis geführt werden müssen anhand von Corona. Aber gut, dass wir das so deutlich erfahren haben und uns dies hoffentlich so erhalten können.

Alles in Ordnung also? Nein, es gab Ausreißer und die dürfen nicht bagatellisiert werden. Und zum Verhältnis von Legislative und Exekutive in solchen Situationen, überprüft im Licht der Corona-Erfahrungen, ist ja weiter vorne schon etwas gesagt: Das gehört ohne Hektik, aber offen und öffentlich, auf den Tisch der Demokratie. Und immer werden die globalen Wirkungen und Handlungsbedarfe mit zu beachten sein. Wenn wir wesentlicher Teil des Ganzen sein und bleiben wollen, müssen wir neben dem uneitlen Stolz aufs eigene Land immer auch Mitverantwortung übernehmen fürs Ganze, ausgerichtet an der Gleichwertigkeit aller Menschen und an demokratischer Lebensweise.

Ich erinnere mich hinreichend an 2007/2008, die große Finanzkrise, als wir Abgeordneten zweifelten, ob in der Hektik der Ereignisse und der Komplexität der Entscheidungsprozesse genug Zeit für uns blieb, die nötige Kenntnis zu sammeln und abzuwägen. Ob unsere Uhren und Kalender oder die der Börsen den Zeittakt bestimmten. Und deshalb noch einmal: Ein bisschen weniger Penetranz bei den Koalitionsverträgen und etwas mehr Bewusstsein für extreme Herausforderungen, die die Demokratie bestehen muss und kann (!), das wäre nützlich.

Und es müssen Regeln verdeutlicht und garantiert werden, wie in kritischen Situationen die Grundrechte (oft der Schwächsten) verlässlich gewahrt werden können und die Wohlstandsfähigkeit des Landes auch.

Das Recht auf schulische Betreuung, gerade der lernschwächeren Kinder.

Das Recht, in Heimen nicht im eigenen Zimmer eingeschlossen und isoliert zu sein.

Das Recht, im Sterben Kontakte haben zu können zu Menschen, die einem wichtig sind.

Das Recht aller im Dienst Mensch zu Mensch Tätigen, geachtet und gerecht entlohnt zu werden.

Das Recht der Familien, die besonderen Herausforderungen, die an sie gerichtet waren, bestehen zu können.

Das Recht aller, neben den sozialen auch die ökologischen und ökonomischen Fragen zu stellen und Lösungen zu suchen und Hilfe zu bekommen.

Und, und.

Die Dramatik der Situation erklärt manches. Hier gibt es keine Schuldzuweisungen. Aber abfinden dürfen wir uns im Sinne der Betroffenen nicht. Es geht um die Interessen dieser Menschen und um die Herausforderung, unsere Demokratie zu festigen und zu beleben, damit sie auch in solch schwierigen Situationen ungefährdet bleibt.

Bis jetzt bewährt sich diese Demokratie und bewähren sich die Demokratinnen und Demokraten in unserem Land auch in dieser herausfordernden Phase der Pandemie. Es liegt an uns, dass das so bleiben kann.

Wir müssen eine große und bunte Mehrheit sein *gegen* die, die demokratiefeindlich kalkulierend oder dumm-dreist, übermütig oder leichtfertig, verwirrt oder irre, spökenkiekerhaft oder geistergläubig die Realität leugnen und gegen sie agitieren. Wo Gespräche und Beratung und Wegweisung nützlich sein können, müssen die aber möglich sein. Wo persönliche Not und Verzweiflung von Menschen Rat und Hilfe erfordern, darf der Protest nicht ignoriert werden. Aber das kann kein Freibrief sein für Lüge und Hetze und Krawall, ob in Medien oder auf der Straße. Also: Sensibilität und doch Mut, zwischen Not und Frechheit zu unterscheiden und in diesem Sinne deutlich zu sein.

Keine Illusion: Attacken auf die Demokratie und für deren Niedergang, die werden auch nach der Pandemie weitergehen. Corona ist für manche Dreisten vor allem ein Verunsicherungsinstrument gegen die Menschen im Allgemeinen und eine Chance, daraus Wut gegen die Demokratie zu entfachen und zu mobilisieren. Zeiten wie diese sind Gelegenheiten für Demokratiefeinde, anzustacheln und Unruhe zu stiften. Und wenn die Pandemie vorbei sein wird, zumindest im Griff, werden sie andere abstruse Argumente gegen die Demokratie aufbringen. Wir dürfen ihnen nicht auf den Leim gehen.

Meine Generation, die der Kriegskinder, verstand es in den 1950er- bis 1970er-Jahren und teils auch danach, wenn manche Menschen »Deutschland, schwierig Vaterland« skandierten. Ja, das war auch unser Grundgefühl. Wir waren Deutsche und wollten es auch sein, aber vor allem wollten wir ein Stück friedliches Europa in Freiheit sein. Hymnen und Fahnen waren uns weniger wert als die Grundrechte des Grundgesetzes. Das waren die Nachwirkungen und Auswirkungen der ersten Hälfte des zwanzigsten Jahrhunderts und Deutschlands Rolle dabei, die uns bewegten.

Diese neue Demokratie ab 1949, zumal seit der Einheit 1990, hat da einiges verändert. 2020 bewährt sie sich bisher in brisanter Situation und schwierigem Verlauf. Zu übertriebenem Selbstlob ist kein Anlass, und zu unbeschwertem Jubel schon gar nicht. Aber Demokratie braucht auch und doch die

Fähigkeit, stolz zu sein auf sich und uns, wenn es dazu Anlass gibt. Ich meine, den gibt es. Wenn 2020 mit einem kleinen Plus enden kann – 2020$^+$ –, ist das kein Übermut, sondern ein begründbares Versprechen für die kommende Zeit. Diese Demokratie ist stabil und steht, und daraus ergeben sich unsere Verpflichtung und unser Handeln.

Lebensqualität in Vielfalt

Dass Lebensqualität was Positives ist, darauf kann man sich mit fast allen Menschen schnell verständigen. Was genau aber diese Qualität des Lebens ausmacht, dazu gibt es vielerlei und recht unterschiedliche Meinungen. Deshalb – unter anderem – ist auch die Vielfalt schon mit im Titel.

Was also ist gutes Leben? Und wer oder was macht Lebensqualität möglich oder bietet sie an oder aber erschwert oder verhindert sie? Ein spannendes Thema, eigentlich.

Aber es geht dabei auch um Demografie und Statistik und das wiederum riecht zunächst einmal nach Aktendeckel und Büroklammer und wird gerne überblättert. Deshalb die Bitte: Haben Sie einfach ein paar Seiten Geduld, dann werden Sie wissen, weshalb dies ein ganz wichtiges Thema ist, bei dem es um viel geht.

Der politische Inhalt, um den es geht, ist die Gleichwertigkeit der Lebensverhältnisse in allen Landesteilen. Das ist der übliche Titel für ein dickes Problemknäuel, das ärgerlich ist und in kommenden Jahren noch viel ärgerlicher wird, wenn da nicht einiges geklärt und geändert wird.

Kurzes Resümee also gleich zu Beginn und eine Punktation, die zu verschiedenen Aspekten und Vernetzungen der Thematik führt und Lösungsansätze zeigt.

Man könnte statt der Langfassung auch verkürzt sprechen von der Gleichwertigkeit der Lebensverhältnisse aller und so den regionalen und raumordnerischen Bezug unterlassen. Falsch wäre das nicht, verschwiege aber die Bedeutung von

Kommunen / Regionen für die konkreten Lebenssituationen der Menschen. Die Rolle des Föderalismus würde mit entwertet. Die Demokratie als Lebensform auch.

Die Gleichwertigkeit bedeutet auf jeden Fall Lebensqualität für die Betroffenen und ist in der Praxis unzweifelhaft ein Gemeinschaftsprodukt aller – Bund, Land, Kommune, Gesellschaft, Individuum. Auch deshalb ist es so wichtig, all diesen Teilhabe und Teilnahme am Thema zu ermöglichen. Aber auch, es ihnen abzuverlangen.

Das Thema braucht größere Aufmerksamkeit. Das eilt. Denn diese Gleichwertigkeit ist schon bisher nicht überall gegeben und sie droht weiterhin zu verrutschen. Die Unterschiede vergrößern sich, ohne dass klar wäre, wann und wie dieser Prozess gestoppt oder gar umgekehrt werden könnte oder was dann passiert. Erhebliche demografische und strukturelle Veränderungen mit deutlichen Auswirkungen auf die Lebensqualität kündigen sich jedenfalls für die kommenden Jahrzehnte an.

Bei all dem ist zu beachten: Das Niveau der Lebensverhältnisse hängt immer entscheidend auch ab von der Wohlstandsfähigkeit des Ganzen, des Staates, auch der Kommunen selbst, auch ihrer Menschen. Und von der Attraktivität demokratischer Praxis und ihrer Impulse.

Das Ziel der Gleichwertigkeit der Lebensverhältnisse hat nicht nur Gerechtigkeit im Sinn, sondern auch gutes Niveau für alle insgesamt. Es leistet so auch einen kalkulierbaren soliden Beitrag zum Nutzen des Ganzen.

Es geht bei der Forderung nach Gleichwertigkeit in allen Landesteilen vor allem um die Optimierung wichtiger Potenziale strukturschwächerer Regionen, Kommunen und Stadtteile, um so ihren Anschluss an die allgemeine Entwicklung zu sichern und um die nachhaltige Stabilisierung der Lebensverhältnisse von Bewohnern in den extrem strukturschwachen Örtlichkeiten und Regionen mit ungewisser Zukunft überall im Lande. Denn Menschen mit unzureichender Lebensqualität gibt es allerorten.

Hier nun vorweg die angedeuteten Konkretisierungen für das, was im Sinne dieser Gleichwertigkeit verstärkend getan werden könnte. Diese Maßnahmen haben erkennbar unterschiedliches Gewicht, einige wirken wie Kleinigkeiten am Rande, mehr gekleckert als geklotzt. Und das ist auch so gemeint und kann in der Praxis nützlich sein. Denn die Differenziertheit der jeweiligen Situationen bedarf auch unterschiedlich gewichtiger Maßnahmen. Mehr Menschen, gleich wo sie leben, erführen dann persönlich nachhaltig verbesserte Lebensqualität und gewännen solidere Perspektiven für die Entwicklung in ihren Kommunen und für ihr persönliches Leben.

Im Weiteren wird aber in den Erläuterungen hoffentlich klar werden, dass es auch noch um manches andere als hier angedeutet gehen muss. Um so Grundsätzliches wie Recht auf Bildung und auf Arbeit und auf gerechten Lohn. Und Recht auf gesunde Umwelt. Und auf das Recht auf Teilhabe und Teilnahme. Und auf die Wahrheit, dass Recht selten nur geschenkt wird, sondern meistens auch gesucht und vor allem gelebt werden muss.

- Der Zuzug aufwachsender Familien aus prosperierenden Kommunen in stagnierende oder schrumpfende Kommunen wird unterstützt. Das kann auch bedeuten, dass Haus- und Wohnungskauf zur verbindlichen Selbstnutzung besondere Förderung erfährt.
- Dabei und generell können das Bodennutzungs- und Bebauungsrecht und die Bodenpreisgestaltung fördernd und bremsend eine wichtige Funktion haben.

- Die Entlastung bei Altschuldenfinanzierung ist für manche Kommunen, große und kleine, die Voraussetzung für aussichtsreiche Schritte in die Zukunft. Sie müssen investitionsfähig sein, nach Corona umso mehr. Die Kommunen alleine können die Lasten nicht finanzieren und gleichzeitig konjunkturaktiv sein.
- Löhne und in deren Konsequenz auch Alterssicherung / Rente müssen Mindeststandards haben, die dem Anspruch auf Lebensqualität gerecht werden. Sittenwidrig hohe und sittenwidrig niedrige Löhne müssen dazu dauerhaft ausgeschlossen werden, überall. Es ist eine Illusion, auf zu niedrigen Löhnen Produktivität und Wohlstand der Gesellschaft aufbauen zu können. Lasten werden durch sie in die Zukunft verschoben.
- Kommunen mit unzureichenden ÖPNV-Angeboten fördern (auch ehrenamtlich gestützt) Bürgerbus-Organisationen für mobilitätsbehinderte Personen.
- Die technischen Bedingungen für die optimale Nutzung moderner Kommunikations- und Informationstechnologien werden auch in dünnbesiedelten Regionen gleichberechtigt zu Ballungszentren garantiert. Ein Realisierungsstichtag wird festgelegt und verbindlich gemacht!!!
- Haus- und Fachärzte, die sich in einer strukturschwachen Region im Gesundheitswesen verbindlich langfristig ansiedeln, erhalten einen dauerhaften Bonus.
- Die Potenziale der DSEE (Deutsche Stiftung Ehrenamt und Engagement) werden zunächst gezielt stagnierenden und schrumpfenden Kommunen / Regionen angeboten.
- Existenzgründungen von Unternehmen bis zu 20 Mitarbeiter/innen werden in solchen Regionen besonders gefördert.

Das Thema ist keine Neuigkeit, sondern seit Jahren, eher Jahrzehnten ständig unter den ersten Zehn der politischen Hitliste der Innenpolitik. Andere Themen verschwanden unterdessen als gelöst oder überholt aus dem Scheinwerferlicht. Die Gleichwertigkeit der Lebensverhältnisse – das ist Lebensqualität in Vielfalt – blieb garantiert unverändert auf der Liste, zwischen unnötig und unverzichtbar und unlösbar eingeschätzt und als sichere Kandidatin auch für die nächste Legislaturperiode angemeldet.

Es droht, so zu bleiben. Zuletzt hatte die Koalition von CDU/CSU und SPD nach der von anderen verschleppten Regierungsbildung den mutigen Schritt getan, das Thema in einer besonderen Kommission zu aktualisieren. Nach dem, was bisher bekannt wurde zu deren Ergebnissen, darf man wohl hoch darauf wetten, das Thema auch auf der Prioritätenliste für die Legislaturperiode 2021–2025 wiederzufinden. Gut Ding will Weile haben?

Aber zu frotzeln fällt hier leichter, als dem Thema politisch praktisch und wirkungsvoll gerecht zu werden. Wer es ernst nimmt und einigermaßen Bescheid weiß im Thema, der kann ein Lied davon singen. Bund, Länder und Kommunen sind mit unterschiedlichen Interessen involviert, die Gesellschaft insgesamt und die Individuen auch. Und passiert ist auch allerhand zum Thema, was wichtig ist und Fortschritt bedeutet. Es sind ja nicht wenige, die sich zum Thema den Kopf zerbrechen und vernünftige Wege suchen. Andererseits sorgt der permanente Wandel der Lebensbedingungen und der Lebensweisen dafür, dass konkrete Ergebnisse bald von der Entwicklung zum Beispiel der Altersstrukturen wieder überdeckt werden. Die Rutsche neigt sich immer noch tiefer in die falsche Richtung. Und überhaupt: Was heißt denn Gleichwertigkeit? Wer entscheidet, ob sie erreicht ist?

Vor 30 Jahren war in Deutschland die Gleichwertigkeit der Lebensverhältnisse sogar das Überthema. Die blühenden Landschaften fallen einem sofort ein. Es war auf sensationelle Weise Thema des Jahres in beiden Deutschlands und dann im vereinten ganzen, auf das viele zuversichtlich blickten und es bejubelten. Ein Land in Gleichwertigkeit. Aber dies hier soll kein Beitrag werden zur friedlichen Revolution 1989 und zur deutschen Einheit 1990, nicht zu den gemeinsamen Jahren seitdem, sondern zur Perspektive Richtung 2040/2050, zur Nachhaltigkeit einer Politik für Nachhaltigkeit für alle.

Wichtig dabei: Die Frage nach der Gleichwertigkeit bezieht sich aufs ganze Land und alle Bewohnerinnen und Bewohner. Ländergrenzen dürfen keine unvermeidbaren Niveaugrenzen sein. Und Fulda wie Weimar liegen in der Mitte Deutschlands, Kiel und Rostock im Norden und so weiter. Wir sind nicht mehr das Land von Ost und West und ohne Mitte. Und auch Wettbewerbsföderalismus kann nur gut sein, wenn die Bedingungen ähnlich sind.

In Zeiten der Bundesrepublik (alt) hieß das grundgesetzlich eher nebenher erwähnte Ziel noch Einheitlichkeit. Denn das war nach 1949 das ursprünglich angestrebte Ziel in diesem einstweiligen Staat: Es sollte Einheitlichkeit gewährleistet werden. Es wurden Jahrzehnte eines raschen Wiederaufbaus und einer scheinbar grenzenlosen Expansion. Alle waren überall im Lande im Aufstieg und erst über die Dauer wurden regionale Unterschiedlichkeiten, die sich verfestigten, bewusster. Es waren ja Rückstände bei gutem Niveau. Man konnte damit ordentlich leben und verließ sich auf morgen. Die demografischen Verwerfungen, die sich aufbauten, hatte man noch nicht recht im Blick. Die Hoffnung trog.

Die Thematik wurde präzisiert und immer mehr zur Gleichwertigkeitsklausel und Zielsetzung des Grundgesetzes. Manche meinen bis heute, das sei weniger als vorher.

Aber ein schlechtes Gewissen müssen wir nicht haben. Das mit der Einheitlichkeit war von Anfang an eine Sprachschluderei, denn genormte, vielleicht gar staatlich verordnete Lebensverhältnisse oder Lebensqualität, die wollten wir nicht und niemand je, nirgendwo.

Nein, es ging um gutes Leben für alle, um Lebensqualität, die überall möglich sein muss zu realistischen Bedingungen. Die Dimension der Aufgabe wurde mit der Einheit 1990 ff. komplexer. In dem Prozess der Einheit – es war ja keine Maßnahme des 3. Oktober 1990, es war und wurde ein Prozess – wurde manches veranlasst und erreicht. Man darf auch sagen: Vieles. Aber wir werden mit dem Thema generell in Deutschland nur zu einer realistischen Beurteilung kommen, wenn wir die 1990 bestehenden Unterschiede und den Fortgang des allgemeinen Wandels im Lande seitdem und auch international beachten. Und dass das Ringen um wirkliche Gleichwertigkeit der Lebensverhältnisse eine permanente Aufgabe bleibt, in allen Himmelsrichtungen. Mit Aussicht auf akzeptable Ergebnisse. Resignation ist nicht angesagt.

Blick und Weg müssen bei realistischer Einschätzung der Lage heute und der Perspektiven, die sich daraus ergeben, nach vorne gerichtet sein. Was denn auch sonst. Der Appell geht gerade auch an die Jüngeren: Sagt allen, allen Altersgruppen, dass es jetzt um morgen geht. Und lasst nicht zu, dass Agitatoren übler Art und deren bereitwillige oder ahnungslose Jünger euch und das Land in die Irre führen. Vertraut der Demokratie. Sie ist keine Garantie, aber die einzige Chance. Unser Land hat die nötigen Potenziale für eine gute Zukunft für alle.

Wenn Politik zielgerichtet handeln und in Abstimmung mit der Gesellschaft sein will, muss sie eine Vorstellung davon haben, wie Deutschland in 30 Jahren plus aussehen soll und dann den Weg dahin suchen und gehen. Gerade und einfach sind solche Wege selten. Einiges kommt anders als man dachte. (Corona war nicht im Plan, mit allen Konsequenzen.) Aber ohne Ziel loslaufen, vergiftet die Motivation und macht jeden Weg zweifelhaft.

Bewährte Formel, damit die Erwartungen nicht überbordeten, war und kann bleiben: Es werden nicht im ganzen Land Milch und Honig fließen, aber gesundes Brot mit gesundem Aufstrich sind sicher möglich. Die Potenziale unseres Landes sind groß. Corona werden wir überwinden, wenn wir verantwortungsvoll schrittweise vorangehen. Nicht so schnell wie wünschbar, aber doch. Es lohnt sich, ein Tempo und eine Form zu sichern, die es uns ersparen, auf Start zurück zu müssen und den Weg mehrfach zu starten. Einmal Corona reicht.

Gleichwertigkeit und Verantwortung. Zurück zu der Frage also, was denn Gleichwertigkeit der Lebensverhältnisse in allen Landesteilen bedeutet und wie gemessen wird und wer entscheidet, ob hinreichend Gleichwertigkeit im definierten Sinne erreicht ist. Dauerhaft. Und dass auch deutlicher wird und klar, wer die Verantwortung fürs Gelingen trägt.

Zuerst: Es geht um äußere Lebensbedingungen, Wohnangebote und auch Wohnkosten, Kitas und Schulen, ÖPNV-Qualität, Arbeitsangebote, Lohnniveau, Qualität und Erreichbarkeit der Einrichtungen im Gesundheitswesen, Bildungs- und Ausbildungseinrichtungen, Post- und Bankkontakte, Kultur in Vielfalt, Sport für alle, Grünanlagen, allgemeine Daseinsvorsorge vor Ort. Gute Gastronomie und Hotelangebote gehören für jeden attraktiven Ort dazu. Alles Dinge, die man in Zahlen und Tabellen fassen kann mit gewisser Objektivität und Verifizierbarkeit. Dazu gehört auch die Finanzlage der Kommune, des Wohnorts, weil sich daraus auch manches für Bewohnerinnen und Bewohner ergibt. Das ist alles wesentlich und doch überschaubar. Aber das ist nicht alles, worauf es ankommt. Was ist mit der Teilhabe und Teilnahme am gesellschaftlichen Leben, was mit der Nachbarschaft, dem Vereinswesen? Wichtig: Welche Rolle spielt das individuelle Zuhause-Gefühl? Welche spielen die gewachsenen persönlichen Kontakte am Ort? Also: Wie stark und wie wichtig ist dem Einzelnen die mehr oder weniger emotionale Beziehung zur Kommune und ihrer Eigenart und vor allem zu den Menschen, mit denen zusammen man hier lebt? Gebe ich meinem Wohnort alles in allem das klare Pluszeichen? Das ist von Belang. Denn die meisten von uns sind gerne ein bisschen stolz auf ihre Kommune, ob Dorf, Viertel oder Stadt. Auch weil das einen selbst besser aussehen lässt, empfindet man.

Es wird klar: Bei der Gleichwertigkeit der Lebensverhältnisse kann es nur Annäherungswerte geben, keine absoluten, allgemeingültigen, verbindlichen Werte. Das Objektive, das sich an den Lebensumständen vor Ort, an den vordergründigen Fakten und am staatlichen und kommunalen Handeln misst, und das Subjektive, das den einzelnen Menschen und die lokale Gesellschaft mit dieser Kommune verbinden, sie geben insgesamt und gemeinsam die Antwort auf die Gleichwertigkeitsfrage. Letztlich entscheiden die Menschen selbst, ob sie mit dem Maß an Lebensqualität, das sie (!) an ihrem Wohnort (!) erreichen, zufrieden und einverstanden sind.

Nicht weniger wichtig als die objektiven kommunalen Bedingungen und der subjektive Bezug zur Kommune ist für den einzelnen Menschen und seine Familie die soziale und materielle Sicherheit, die sich aus Arbeitseinkommen und Alterssicherung, vielleicht auch Wohneigentum in Eigennutzung ergibt und eine Perspektive der Zuversicht erlaubt. Als verantwortlich für soziale Sicherheit wird gerne der Staat ausgemacht, die Politik. Er ist es in Maßen, aber Löhne und deren

Konsequenz für die Alterssicherung werden nur bedingt vom Staat entschieden. Es ist fast üblich, diese konkreten sozialen Tatbestände nur eher kursorisch in die Gleichwertigkeitsdebatte einzubeziehen. Das ist falsch. Auch wenn die raumordnerischen und altersstrukturellen Fragen und mancherlei subjektive Motive wesentlich sind, bleibt aber doch auch die soziale Frage sehr wichtig.

Sie betrifft Menschen in kleinsten Dörfern bis hin zu solchen in den Stadtteilen der Metropolen. Das (Arbeits-)Einkommen ist in der Großstadt durchschnittlich höher als auf dem Land. Aber Armut, die sich aus Arbeitseinkommen oder Rente erklärt, nicht selten letztlich aus Arbeitslosigkeit oder Minilöhnen oder Grundsicherung, die gibt es überall.

Anders ausgedrückt: In den bunten wissenschaftlichen Darstellungen zu prosperierenden und zu abgehängten Regionen werden Durchschnitte verdeutlicht in dunkelgrün, hellgrün oder farblos oder ähnlich. Die individuell oder straßenzugsweise Abgehängten, die es auch in den dunkelgrünen Städten gibt, profitieren nicht von der kräftigen Farbe, sie werden sogar in gewisser Weise unsichtbar. Sie sind eben arm in einer reichen Stadt. Die Gleichwertigkeit in diesen Statistiken ist davon bestimmt, wie die zahlenmäßige Relation von Wohlhabenden zu Durchschnittseinkommen und zu Armen in der Region oder Kommune ist. Die Armen in den einschlägigen reichen Städten / Regionen leben unter falschem buntem Etikett. Sie flüchten nicht in die deutlich ärmeren Kommunen und Regionen. Wozu auch? Aber es geht ihnen in Sachen Lebensqualität auch nicht besser als den Benachteiligten dort. Diese Wahrheit ließe sich auch noch einmal in Bezug auf Alterssicherung durchbuchstabieren.

Die Wahrheit ist evident: Es gibt nicht nur in strukturschwachen Regionen zahlreiche Menschen mit niedrigem Einkommen und sehr mäßiger Lebensqualität. Es gibt sie auch in prosperierenden Regionen, aber dort verschwindet die Wahrheit teilweise in den Durchschnittszahlen. Für die Betroffenen ist das kein Trost. Für die Politik keine Entschuldigung.

Und so viele Aspekte zu Handlungsbedarfen wir bezüglich Gleichwertigkeit auch aufzählen, wir kommen an den Änderungsbedarfen bei den sozialen Ungerechtigkeiten als wesentliche Ursache für das Gefälle zwischen den Menschen in allen Regionen nicht wirklich vorbei.

Es bleibt so: Die Gleichwertigkeit der Lebensverhältnisse in allen Landesteilen ist ein politisches Ziel, das sich aus unserem Grundgesetz ergibt. Und alles hängt hier mit (fast) allem zusammen. In gewisser (wenn auch nicht vollen) Weise sind die Standorte lukrativer Unternehmen und deren Steuerzahlungen an die Kommunen und die beschriebenen Gefälle bei den Einkommen die »Verursacher« der Ungleichwertigkeit der Lebensverhältnisse. Aber eben doch: Es geht um viel mehr. Wir müssen uns der Komplexität annehmen.

Die Politik weiß das und macht es sich nicht leicht. Befriedigende Antworten sind schwer. Politik fühlt sich deshalb ungerecht behandelt. Aber es nutzt ja nichts. Die Sache braucht mehr Transparenz. Denn so wie bisher läuft es nicht gut mit dem Thema.

Reden wir über ein Scheinproblem? Nein. Aber helfen kann, dass die große Zahl der Menschen überwiegend pragmatisch mit dem Thema umgeht! »Wenn man will und selbst dazu beiträgt, kann man fast an jedem Ort recht ordentlich leben.« Das ist ja wirklich so, die Menschen haben recht. Wenn man sie probeweise zum Krankwerden im Auslandsurlaub befragt, sagt die ganz große Mehrheit: Schnell zurück nach Deutschland! Nicht nach Stadt A oder Dorf B oder Region C. Sondern »nach Deutschland«. Auch nicht »Ost-Deutschland« oder »West-Deutschland«. Die Sache ist eindeutig. Nicht ganz selten ist die Frage nach Gleichwertigkeit eben auch eine auf gutem und / oder speziellem Niveau. Manchmal spielen auch Selbstbewusstsein und Angeberei eine Rolle, manchmal Neid und Irrtum. Aber manchmal eben doch: Ungleichwertigkeit. Und das ist keine Sache, die sich durch standhaftes Lagern selbst erledigt. Aber Städte sind verschieden, Dörfer sind auch verschieden und Städte und Dörfer sowieso. Vielleicht akzeptieren wir das erst einmal und legen die Latte fürs Nachdenken über Lösungen nicht illusionär hoch.

Wir dürfen unterstellen, dass die weisen Politikerinnen und Politiker, die diese Formel von der Gleichwertigkeit geprägt haben und deren Nachfolger/innen, die ihr nun eine wirklich große Kommission und damit viel Aufmerksamkeit widmen, sich all der skizzierten Wahrheiten bewusst gewesen sind und die Aufgabe, die sie uns aufgetragen haben, auch nie anders meinten.

Die Freizügigkeit kommt ins Spiel, Artikel 11 Grundgesetz: »Alle Deutschen genießen Freizügigkeit im ganzen Bundesgebiet.« Dieses Recht kann per Gesetz für bestimmte Fälle eingeschränkt werden. Aber das tangiert nicht den Alltag. Alle Deutschen dürfen sich ihren Wohnort selbst wählen, aussuchen. Ob wir mit unseren individuellen Werteskalen in Bezug auf Lebensqualität genau diesen Wohnort als so wertig ansehen, dass wir dort leben wollen, das ist unsere persönliche Angelegenheit. Unser Beharrungsvermögen und die Genügsamkeit und auch die Umstände solcher Umzüge sind in der Regel groß und teuer genug, uns davon abzuhalten, uns allzu oft in das Abenteuer eines Umzugs zu stürzen.

Ganz freiwillig war und ist die Wahl des Wohnortes nicht immer. Vertreibung und Flucht und Zuwanderung und Bildung und Beruf und persönlichste Gründe spielten und spielen eine Rolle. Man arrangiert sich, gewöhnt sich, findet sein wahres Zuhause. Oder sich ab. Und nimmt das mit der

Gleichwertigkeit nicht so ganz ernst oder arbeitet daran und hofft darauf, sie doch lebenswirklich zu machen. Es ist banal, aber doch noch einmal zu bekräftigen: Die Dichte des ÖPNV in Berlin und die Dominanz des Grüns in weiten Teilen des Sauerlandes, die stabile oder fragile Urbanität der Großstadt und die stabile oder fragile Solidität der Kleinstadt in der Region, all dies rechtfertigt keine Benotung gegeneinander und keine Ranglistenmentalität. Es geht bei den Kommunen und Regionen, über die wir sprechen, um Unikate. Und die Menschen, die in ihnen leben, sind auch Unikate. Und von ihnen wissen wir, dass sie lokale Realitäten recht unterschiedlich bewerten und dass der eine den anderen doch auch dafür bedauert, dass »der oder die dort leben muss«. Bei einem Dortmunder und einem Schalker ist der Grund für wechselseitig sehr unterschiedliche Bewertung offensichtlich, aber in seiner Fixierung auf die Farben von Fußfalltrikots kein Fall, um den Politik sich kümmern müsste.

Das alles in einem Land, das bis 1990 über 40 Jahre zwei Länder war und das immer erhebliche Schwankungen bei den Einwohnerzahlen hatte.

Von 1938 bis 2020 und bis 2050. In 1938 wohnten auf dem Gebiet der späteren Bundesrepublik (alt) rund 43 Millionen Menschen. Anfang der 1950er-Jahre waren es 50 Millionen, 1961 schon 56 Millionen, 1989 dann 66 Millionen. Unter diesen die 4,6 Millionen Deutsche, die aus der DDR in die damalige BRD wechselten, viele, die meisten, zwischen 1949 und 1961, nicht wenige unter großen Gefahren. Und rund 5 Millionen waren Ausländer mit unterschiedlichen Vorstellungen über Verbleib oder Rückkehr ins Heimatland, spätestens nach Berufsende. Nach dem Fall der Mauer 1989 sind noch einmal rund 3,7 Millionen in Deutschland von Ost nach West gezogen, aber auch rund 2,4 Millionen von West nach Ost. Als die Einheit verfasste Realität wurde, im Oktober 1990, hatte diese neue Bundesrepublik dann rund 16 und rund 66, also rund 82 Millionen Einwohner. Heute sind es etwas über 83 Millionen.

Wenn die Geburtenrate einigermaßen unverändert bleibt und Zu- und Abwanderung weiterhin nicht sehr weit auseinanderklaffen, wird sich bis 2050 nicht viel an der Bevölkerungszahl ändern. Aber die Altersstruktur wird sich weiter kräftig verschieben. Rund ein Drittel wird dann im Rentenalter sein. Wie weit noch aktiv, ist eine andere Frage.

Den genaueren Verlauf der Bevölkerungszahlen in der DDR von 1949 an habe ich nicht verfügbar.

Rund eine Million Menschen wechseln in der neueren Zeit jährlich in Deutschland ihre Wohnung, konnte man wiederholt lesen. Die Zahlen werden aktuell nicht viel anders sein. Ob das jeweils Wohnortwechsel bedeutet oder Standortwechsel in der bisherigen Wohngemeinde, ist damit noch nicht geklärt. Gründe beim Wohnortwechsel sind jedenfalls meistens die Bildung oder der Beruf und / oder die Liebe, wie man ohne Statistik leicht erfragen kann.

Ein wichtiger Faktor für diese Rochaden hat sich in den vergangenen rund 50 Jahren tiefgreifend verändert. Die Verbesserung der Bildungschancen in allen Regionen ließ die Zahl der Abiturienten und besonders Abiturientinnen stark steigen. Damit auch die Bildungswanderung Richtung Universität, besonders in den hochschulfreien Zonen. Konsequenz des Fortschritts. Am realisierten Recht auf umfassende Bildung entscheidet sich viel, Lebenschancen der Nachkommenden und Zukunftsfähigkeit der Gesellschaft und des Landes insgesamt. Es war und ist eine gewollte und richtige Entwicklung. Aus rund 800.000 Studierenden 1975 wurden dadurch knapp 3 Millionen heute. Und das in einer kleineren Kohorte als 1975. Das ist raumordnerisch hoch wirksam.

Die verbesserten Bildungschancen bedeuten mehr Gleichwertigkeit der Lebensverhältnisse in allen Landesteilen, mehr Lebenschancen für die jungen Menschen. Ein Gewinn. Nicht unbedingt ein Gewinn für die Kommune, in der sie als Kinder lebten.

Der Weg zur Universität wurde und wird für zahlreiche junge Menschen der erste Schritt für einen Wohnortwechsel, nach dem Studium auch offiziell. Man geht auf »Wanderschaft modern« oder hat andere Gründe, nicht zurückzukehren in seinen Ursprungsort.

Da gleichzeitig die Zahl der Kinder je Familie seit Mitte / Ende der 1960er-Jahre deutlich sank, in Ost und West ziemlich parallel, ergaben sich drei demografisch bedingte Folgen von erheblicher Wirkung. Langfristig, wie man immer relativierend sagte und sagt – ja, aber wir sind inzwischen tief in der Langfrist angekommen.

Drei demografische Folgen. Es geht dabei nicht um gut oder schlecht, nicht um richtig oder falsch. Es geht um: anders. Und dann um die Frage, wie daraus Gutes wachsen kann.

Erstens: Die Studierenden, die nicht zurückkehren, fehlen in ihren Heimatorten als potenzielle Fachkräfte, Hausbauer, Familiengründer/innen, Eltern, Vereinsmitglieder, Sportler, bei der Feuerwehr, in der Kirchengemeinde, als Elternpflegschafter, als Kommunalpolitiker.

Die Familien natürlich, aber auch die Kommune – das Dorf, der Stadtteil, der Kreis – haben achtzehn Jahre lang junge Menschen gefördert, unterstützt, gebildet, die ihre Potenziale nach dem Studium auf vielfältige Weise in die Berufswelt einbringen werden. Aber viele von ihnen nicht in ihrer Heimatregion. Wenn das ein Austausch zwischen den Kommunen wäre, wenigstens annähernd, wäre es keiner Erwähnung wert, denn natürlich ist es ein Recht der jungen Menschen, sich den für sie attraktivsten Ort zu suchen. Und aus der

Wanderschaft kreuz und quer durchs eigene Land und auch durch andere Länder sind schon so manche Meisterinnen und Meister erwachsen. Die Potenziale kommen unserem Land zugute. Keine Aufregung also. Aber demografische und daraus abgeleitet strukturelle Lücken in so manchen Kommunen und Regionen entstehen so eben doch. Und zwar bei deutlich reduzierter Gesamtzahl je Jahrgang und seit nun Jahrzehnten. Richtig, nicht jede und jeder hätte in der Heimatkommune markante oder gar großartige Impulse gesetzt, aber manche eben doch – wenn sie am Ort wären.

Müssten nicht Kommunen, die ihre Abiturienten/innen nach dem Studium an andere Regionen und Kommunen »verlieren«, dafür einen ideellen oder gerechneten Ausgleich haben? Zahlt den dann der Staat, Bund oder Länder? Nein. Dass doch selbstverständlich im offenen Wettbewerbsföderalismus solche Wohnortwechsel möglich sein müssen, lautet die Antwort. Klar. Man kann noch die Anmerkung machen, dass die stagnierenden und schrumpfenden Kommunen und Regionen nicht von drittklassigen Akteuren regiert und verwaltet sind, sondern dass diese Jahr für Jahr einen Teil ihres Kapitals, »Humankapital« genannt, an die prosperierenden Regionen abgeben. Und dass das doch mehr als eine schlechte Nachrede verdient. Achselzucken.

Und schlimmer: Da zu wenig für eine gute duale Berufsausbildung geworben wird in Deutschland – unterschiedlich, aber da gibt es Lücken – steht auch diese nicht überall wirklich hoch im Kurs und in intensiver Verbindung zu Möglichkeiten wie qualifiziertem Verbundstudium. Insgesamt werden die Fachkräfte in produzierenden und in dienstleistungsorientierten Berufen in den Regionen rar. Dabei geht es um qualifizierte, sichere Arbeit, die vergleichsweise gut bezahlt ist. Wenn diese Unternehmen – oft international konkurrenzfähige Mittelständler – sich wirklich neue Standorte suchen müssten, weil sie nur anderswo ihre erforderlichen Nachwuchsfachkräfte finden können, wäre das für die betroffenen Kommunen und ihre Region ein Desaster. Die Gefahr der Schrumpfung wächst dann rapide.

Könnte es nicht doch einen Anreiz geben, als qualifizierte Fachkraft in solcher strukturschwächeren Region / Kommune berufstätig zu sein – mit oder ohne Wohnsitz? Raumordnerisch sinnvoll, aber nicht praktikabel? Oder? Bei den systemrelevanten Hausärzten wird derlei nicht ausgeschlossen. Wo ist der prinzipielle Unterschied?

Und das alles ist kein trüber Blick in die ferne Zukunft, sondern Lebenswirklichkeit akut. Es eilt.

Dabei muss man ehrlicherweise hinzufügen: Je stärker Bildung und Ausbildung gefördert werden, umso größer wird die Wahrscheinlichkeit, dass die Fläche noch mehr des leistungsfähigen Nachwuchses an moderne Regiopolen und Metropolen verliert, wenn nicht strukturell gesteuert wird.

Zweitens: Diese Bildungswanderung ist auch ein erhebliches Problem für die politischen Parteien. Wenn aus diesem Nachwuchs eine größere Anzahl (und das ist nicht selten so) junge Menschen nur noch an den Wochenenden, vielleicht in den Ferien, zuhause sind, fallen nicht wenige von ihnen als politischer Nachwuchs aus. Das war in den 1960er- und 1970er-Jahren noch deutlich anders. Kommunalpolitische Funktionen und Mandate waren erklärtes Ziel und eine Ehre. Heute suchen die demokratischen Parteien in nicht wenigen Orten händeringend tüchtigen Nachwuchs, der zur Kandidatur und zum politischen Engagement bereit ist. Nicht nur in ländlichen Räumen, zugegeben. Die jugendliche Verwurzelung am Wohnort wird insgesamt weniger. Gerade die jungen Menschen waren vor fünfzig Jahren und auch danach in den Parteien voll engagiert, ortskundig und vertrauensbildend. Studentinnen und Studenten ist das heute, auch bei

Interesse und gutem Willen, oft nur begrenzt möglich. Das wird stellenweise überdeckt, solange die Älteren länger als früher kommunalpolitisch aktiv bleiben. Die interne Lage der Parteien wird sogar entspannter, weil es wenig »ungebührliche Drängelei« der Jüngeren gibt, die damals auch nicht nur Freude auslöste. Aber in diesem Jahrzehnt wird sich an dieser Stelle einiges markant verändern. Die Verwurzelung der Demokratie braucht lokale Zukunft. Keine Kleinigkeit das Ganze. Darf man das einfach übersehen? Soziale Medien können das nicht ersetzen.

Was diese Petitesse denn hier überhaupt zu suchen hat? Der oder die eine oder andere mögen sich das fragen. Nun, Demokratie braucht Demokratinnen und Demokraten, die sich einmischen und den Beruf können. Politik studieren geht auch. Und eines muss das andere nicht ausschließen. Für duale politische Ausbildung ist die Kommunalpolitik aber bestens geeignet. Denn die ist nichts am Rande, sondern Hauptsache und für viele eine Inspiration und zugleich Grundlage für einen tieferen Einstieg auch auf Landes- oder Bundesebene. Politik machen kann man vor Ort lebensnah lernen. Bürgermeister bleibt ein Traumberuf.

Drittens geht es um die Eltern dieser jungen Generation. In ihren Häusern, in denen traditionell zwei, manchmal drei Generationen miteinander wohnten, lebt jetzt noch eine, das Elternpaar. Denn die Großeltern sind inzwischen gestorben. Das Kind / maximal die zwei Kinder sind aus besagten beruflichen und / oder persönlichen Gründen an einem anderen Ort. Man hat Kontakt, besucht sich, mag sich. Aber der kleine Handgriff zum richtigen Augenblick, der manchmal nötig ist oder die Zeit und Gelegenheit fürs gemeinsame Essen und Reden am Küchentisch werden eben doch recht selten. Man lebt woanders. Mit 70 und 75 und meist über 80 hinaus ist das für das ältere Paar und alle Beteiligten heutzutage kaum ein Problem. Man ist ja relativ fit, hat sich und auch Bekannte am Ort. Und die Standleitung mit Bild ist immer öfter allzeit startbereit. Oma und Opa und die Enkelkinder, eine intensive Geschichte, auch heute.

Zum Problem kann es aber werden, wenn nicht rechtzeitig für die Unwägbarkeiten des Alters vorgedacht und im Rahmen des Möglichen vorgesorgt wird. Oft fehlen Vorsorgevollmacht und Patientenverfügung. Was sich mit der oft und couragiert vorgetragenen Forderung auf Selbstbestimmung nicht recht verträgt.

Meistens stirbt zuerst der Mann, denn er ist im Allgemeinen älter als seine Frau und Frauen leben im Allgemeinen einige Jahre länger als die Männer. Die Frau, die ihren Mann möglicherweise noch eine lange Zeit gepflegt hat, ist nach seinem Tod alleine in der Wohnung, nicht selten im Haus. Und aus Alleinsein, das ja seinen Charme hat, wird leicht und ziemlich rasch Einsamkeit. Und die ist bösartig.

Und die Frage, ob etwas gegen zerstörerische Einsamkeit getan werden kann und wirklich wird, eigeninitiativ oder weil es Verwandte, Freunde, Engagierte und Einrichtungen gibt, die sich kümmern – diese Frage ist plötzlich brandaktuell. Was die Corona-Zeiten vielfach verdeutlich haben. An diesem Beispiel auf den Punkt gebracht: Zum sozialen Standard einer Kommune muss es gehören, in offener Gesellschaft oder in zugehender Sozialarbeit sich gegen solche Einsamkeit engagieren zu können. Da wird Gleichwertigkeit sehr konkret und praktisch greifbar. Ob Heim, ob Wohnung, Einsamkeit ist auch nicht besser als ein Virus.

Erfreulicherweise gehört auch diese Wahrheit aus der Corona-Zeit zur Wirklichkeit: Die Hilfsbereitschaft vieler Menschen, ob in Großstadt oder Dorf, ob im Hochhaus oder im selbstgenutzten Eigentum am Dorfrand, überall gibt es offensichtlich Menschen, die solchen Alleinstehenden und potenziell einsamen Menschen beistehen und helfen, beim Einkaufen, bei wichtigen Besorgungen, auf ein Gespräch. Eine gute Erfahrung. Dickes Lob an die, die da aktiv waren und sind. Pflegt diese Kontakte weiter. Einsamkeit gibt es auch nach Corona. Sie erfordert nicht einmal eine Maske – nur Zeit füreinander.

Eine Entscheidung. Nun ist es nicht selten, dass junge Menschen, so zwischen etwa 28 und 35 Jahren, wenn sie feste Paare werden und Familie gründen wollen, sich noch einmal im alten Heimatort umsehen, ob er nicht doch als geeignet infrage kommt. Es gibt ja noch so manchen Bezug dorthin. Die Entscheidung, ob dieser Ort passend ist, werden die beiden sehr unter der Fragestellung prüfen, ob auch die Frau eine Perspektive für ihr Berufsleben findet. Mit Recht. Mit guter Schulbildung, studiert, will sie nicht ohne Chance sein, qualifizierte Berufstätigkeit zu finden. Die Perspektive jedenfalls, hier sehenden Auges in eine berufliche Sackgasse zu ziehen, kann definitiver Ausschlussgrund für alle weiteren Erwägungen sein und den Zuzug verhindern. Die skizzierten Kommunen und Regionen müssen also attraktiv sein für junge Familien, Kinder, Mütter und Väter. Das Einschlägige – Kita, Schule, Arzt – muss sowieso stimmen.

Auch wenn es tatsächlich Lücken gibt: Die meisten Kommunen und Regionen erfüllen diese berechtigten Ansprüche oder können sie erfüllen, wenn sie sich bemühen. Aber es gelingt oft nicht hinreichend, das den Paaren auch zu vermitteln. Das Stadt-Land-Gefälle ist leider auch verzerrt durch Vorurteile billigster Art.

Dass man hinterm Wald auch schon mit Messer und Gabel isst, das wissen die Jungen ja aus eigener Erfahrung. Aber man sollte ihnen gut aufbereitet die Pluspunkte auflisten, die für sie wichtig sein können. Zu dem Genannten kommen auf jeden Fall hinzu: Wohnqualität und Wohnkosten, Platz für

Kinder, Gleichstellung von Frauen und Männern, Verbindung in die Welt und nahe Natur. Die Liste über das Neue und Interessante in der Kommune, das in den jüngsten fünf bis zehn Jahren hinzugekommen ist und was sich für die nächste Zeit anbahnt, ist wichtig. Jedes Jahr neu. Auf allen Kanälen. Am besten den Kontakt bei Studienbeginn erst überhaupt nicht abreißen lassen, sondern systematisch pflegen. Das macht sich bezahlt.

Und das Thema Lebensqualität vor Ort ist damit noch längst nicht komplett beschrieben: Die Nachbarschaft, alte Freundeskreise, der Sportverein, Kultur mehr als man denkt, die Ausstattung mit moderner Technologie (die dann aber auch garantiert sein muss). Und: Man kennt sich. Manchem scheint das mit dem Kennen allerdings Segen und Fluch zugleich zu sein. In der kleinen Kommune – im Dort sowieso, sagt der Volksmund – kennen alle alle und manche tratschen. Kann so sein. In der großen Stadt weiß so mancher nicht wirklich, wer über ihm wohnt, wer unter ihm, wo Kinder sind und wo jemand stirbt. Und auch in der großen Stadt kennt man in der Regel nur wirklich ein einziges Quartier einigermaßen gut.

Macken hat beides. Aber beides ist auch bewährt und aushaltbar. Landluft ist gesünder, Stadtluft macht frei. Mag immer noch was dran sein an den alten Weisheiten, die sich in der Realität auch als völlig falsch erweisen können. Und im Zeitalter der Digitalisierung und Motorisierung relativieren sich diese Unterschiede sichtbar. Städte haben ihre Dorfplätze. Und auch hinter den Wäldern ist Urbanität. Und überhaupt: Man kann aktiv mitmachen und gewünschte Nähe oder Distanz selbst beeinflussen.

Das zivilgesellschaftliche Engagement. Es ist immer und überall ein lohnendes, verbindendes Element. Das allerdings in unserer Gesellschaft zusätzlichen Schwung gebrauchen könnte. In großen und in kleinen Kommunen, überall.

Die Stiftung DSEE (Deutsche Stiftung Ehrenamt und Engagement), ein erfreuliches Ergebnis besagter Kommission »Gleichwertigkeit«, an der federführend die Bundesministerien Innen, Familie-Senioren-Frauen-Jugend und Ernährung-Landwirtschaft beteiligt sind, kann eine wirksame Einladung werden an Junge und Alte, vor Ort zu einer lebendigen Demokratie beizutragen.

Ob da wirklich ein Pluspunkt für einen Wohnstandort sichtbar werden kann, ein kleiner oder gar großer? Das zivilgesellschaftliche Engagement in der Kommune und für sie hat jedenfalls seine Wirkung, konkret und handfest. Frauen und Männer, jüngere bis ältere, denen Lebensqualität vor Ort wichtig ist und die dazu beitragen, sorgen dafür. Und wer sich selbst dafür begeistern lässt, wird da interessante Aufgaben finden. Gelegenheiten gibt es viele. Mit berechtigtem Stolz auf »unsere kleine Stadt«, auf »unser Quartier«, auf »unser Veedel«. Da wird der Charme des Kommunalen blankgeputzt, in schwierigeren Fällen auch erst wieder entdeckt. So bleibt gültig: Kommunen sind nicht das Kellergeschoss der Demokratie, sondern eine ihrer tragenden Säulen. Sie sind nicht der Wurmfortsatz der Länder. Demokratie organisiert sich vertikal von unten nach oben, wie von oben nach unten. Aber sie funktioniert in hohem Maße horizontal, eben als Gesellschaft über alles Vertikale hinweg. Wie gesagt: Staatsform und Lebensform. Das ist keine begütigende Formel, sondern tägliche Realität. Mit Konsequenzen.

Und Bedarf an Ehrenamt und Engagement besteht in vielen Lebensbereichen. Und in jeder Kommune. Und die Chance, selbst mitzumachen, gibt es fast überall. Zum Beispiel bei der *Übernahme von Patenschaften für Schulkinder*. Nicht neu der Gedanke, aber ausbaufähig. 30.000 bis 40.000 Kinder kommen in Deutschland jährlich ohne jeden Abschluss aus der Schule. (Eine Zahl aus vergangenen Jahren, aber wie sollten es weniger geworden sein?) Jedenfalls gibt es nach wie vor zu viele Kinder, denen dringend benötigte individuelle Unterstützung fehlt. Statt einen Weg in ein gelingendes Berufsleben sehen sie eine fatale Fallgrube vor sich. Vielen von ihnen kann geholfen werden in den Klassen 7 und 8 doch noch eine Chance für eine gute Berufsausbildung zu bekommen und sich gut zu integrieren. Dazu ist der Schulabschluss wichtig. Er ist ein großer Gewinn für das Kind und für uns als Gesellschaft auch. Es geht um die Kinder und ihre Familien, die noch in der Phase der Integration sind. Aber nicht selten geht es auch um Kinder aus urdeutschen Familien, die zuhause nicht die nötige Unterstützung finden können, aus welchen Gründen auch immer. Und in den Schulen können nicht alle diese Lücken mal eben geschlossen werden. Kommunen und ihre Regionen, die ihr Engagement in dieser und in vergleichbaren Aufgaben forcieren, helfen damit erstens diesen jungen Menschen. Oft aber auch deren Familien, die sich des Problems durchaus bewusst sind, aber mangels eigener Kenntnis hilflos. Drittens ist solches Engagement aber auch hilfreich für die Kommune selbst. Das Potenzial an Fachkräften kann auch so gestärkt werden.

Ja, ich schreibe hier noch immer über die »Gleichwertigkeit der Lebensverhältnisse in allen Landesteilen«, die »Lebensqualität in Vielfalt« ist. Alles dies gehört dazu. Denn die Lebensqualität kommt nicht per Streudose übers Land und auch nicht per staatlicher Anweisung, sondern sehr lebenspraktisch. Es geht auch um konkrete Solidarität, die der Staat nie erzwingen könnte, die sich situativ realisiert, individuell oder organisiert. Und die denen, die sich da persönlich engagieren, nicht nur Anstrengung und Last ist (das kann auch sein, ehrlich gesagt), sondern eine freiwillige Aufgabe und Herausforderung, die munter und lebendig hält. *Win-win* sagt man heutzutage dazu.

Das Gesundheitswesen. Auch es hat zahlreiche Angebote zu ehrenamtlichem und zivilgesellschaftlichem Engagement vor Ort. Die »Grünen Damen und Herren« zum Beispiel. Ihre Angebote zum Gespräch, die sie an Menschen in Krankenhäusern und Heimen richten. Besonders als Kranker und zurzeit nicht mobiler Mensch fehlt einem bald das Gespräch. Mal Ruhe haben und allein sein kann schön sein in dieser informationshektischen Zeit, aber wird doch auch ziemlich schnell langweilig und nicht nur das. Man kann einsam sein in einer turbulenten Welt. Mit Menschen in Ruhe sprechen können über »dies und das«, kann da hilfreich sein und Mut machen. Vor rund 50 Jahren haben die »Grünen Damen und Herren«, die ihren Namen ihren lindgrünen Kitteln verdanken, dieses Engagement begonnen. Es bleibt zeitlos nützlich. Von diesem Einsatz ist es inhaltlich nicht weit zur Begleitung der Menschen in Heimen, die von Corona-bezogener Isolation massiv betroffen waren. Ich will dazu im folgenden Kapitel über das Ältersein ausführlicher schreiben, aber in diesem Abschnitt »Gesundheitswesen« doch hiermit schon darauf hinweisen, wie Kontaktlosigkeit und Mangel an Gesprächsmöglichkeit und an Nähe zu Menschen belasten kann und krankmachen.

Besonders umfangreich und qualitativ entwickelt haben sich in den letzten Jahrzehnten die Hospiz- und Palliativdienste, geleitet von Fachkräften in hauptamtlicher Funktion und unterstützt von vielen Ehrenamtlichen. Da ist eine unserer größten und wirksamsten Bürgerbewegungen entstanden, die tagtäglich für viele Tausende Menschen wertvolle Zeit bereitstellt und Lebensqualität im möglichen Maße auch in schwieriger Lebenssituation bietet. Viel mehr Frauen als Männer sind da aktiv, aber Männer können das auch.

Ich denke, hier ist ein eigenes Berufsbild entstanden. Da sind Menschen, haupt- und ehrenamtlich, mit hoher Fachkenntnis und Sensibilität, engagiert, um Sterbenden und ihren Angehörigen in dieser wichtigen und immer traurigen Lebensphase mit Zeit und Rat beizustehen. Zuhause, in Hospizen, auch in Heimen. Die demografischen Verhältnisseführen dazu, dass die Zahl der Sterbenden in den nächsten Jahrzehnten steigen wird auf jährlich über eine Million Menschen in Deutschland. Wir werden viel gute Begleitung brauchen und sollten dies rechtzeitig bedenken. Ich wiederhole deshalb dazu hier gerne: Da ist ein eigenes Berufsbild entstanden, das primär darauf ausgerichtet ist, Menschen in ihrer letzten Lebensphase beizustehen, Zeit zu haben für die Sterbenden und für die, die um sie trauern. Und das Angebot muss es in allen Landesteilen geben und für alle Menschen und Angehörigen, unabhängig davon, ob sie und welcher Religion oder welchem Kulturkreis sie angehören.

Unser Gesundheitswesen – und das ist gut so – bleibt in seinem Kern Dienst Mensch zu Mensch. Wir alle hoffen darauf, dass andere Menschen uns helfen können und dies auch tun, wenn unsere eigenen physischen oder psychischen Kräfte vorübergehend oder dauerhaft nicht reichen. Dass die »Damen und Herren in Grün« und die Hospiz- und Palliativdienste diesen Abschnitt einleiten, ist kein Zufall. Denn das Prinzip »Mensch zu Mensch« ist bei beiden ganz offensichtlich. Das ist nicht überall so, wenn es um die Gesundheit geht. Deshalb hier eine kurze Anmerkung zur Branche Gesundheit, die für Lebensqualität in Vielfalt von besonderer Bedeutung ist.

Branche ist das richtige Wort, doch. Branche steht im Lexikon für Fach und Geschäftszweig. Das klingt nüchtern. Nach Großerzeugung und Industrie. Nach Soll und Haben und Bilanz. Nach Kasse machen. Und dass die Gesundheit doch inzwischen ein großes Geschäft sei, hört man recht oft sagen.

Freundlich ist das nicht gemeint. Aber es ist nur die halbe Wahrheit.

Die Hochleistungsfähigkeit der Branche Gesundheit wäre ohne Forschung und Entwicklung, intensive Qualifizierung, gezielte Spezialisierung, umfassende und detaillierte Organisation, ohne penible Sorgfalt auch im Detail, ohne alltägliche und superspezielle Medikamente, ohne zweckgerechte Gebäude, Menschen und Hilfsgeräte, ohne sachkundige Apotheken, ohne Einsatz von viel Investitionsgeld, ohne staatliche Förderung, ohne solide Versicherungssysteme für die potenziellen Nutzerinnen und Nutzer in solchem Umfang nicht verfügbar. Und dass es in dieser Branche viele sichere und ordentlich bezahlte Arbeitsplätze gibt, für Frauen und Männer, für die die Löhne pünktlich und in angemessener Höhe verfügbar sind, ist nicht der geringste unter all diesen Aspekten. Arbeitgeberverbände unter mancherlei Namen und Gewerkschaften gibt es auch, die Interessen wahrzunehmen haben und dies tun, erfolgreich.

An vielen dieser genannten Knotenpunkte des Systems geht es recht profan um Geld. In der Branche Gesundheit hat das schnell einen Unterton. Dass in der Auto- und Flugzeugbranche, in der Bau- und Wohnungsbranche, in der Mode- und Hotel- und Nahrungsmittel- und Sportbranche es immer auch ums liebe Geld geht, regt uns dort nie so auf wie bei der Gesundheit, im sogenannten Gesundheitswesen. Vielleicht sollten wir korrekterweise von der Gesundheitsbranche reden. Wer das nicht will, sollte dann aber auf Autowesen und Modewesen und Sportwesen umsteigen, also auf die Kategorie Wesen.

Kurzfassung: Die Gesundheitsbranche sollte keinen Wert darauf legen, wesenhaft behandelt zu werden, sondern eben als eine sehr zentrale Branche, die auch in Sachen Lebensqualität in Vielfalt Verantwortung hat und wahrnehmen muss. Dass sie dabei gleichwohl ein Dienst von Mensch zu Mensch bleibt, ganz unmittelbar und existenziell, macht sie zu etwas Besonderem. Dass dabei die zentralen Dinge auch zukünftig nicht von Robotern und anderen KI-Formen übernommen werden können, ist eine Hoffnung, die man sich als Alter gerne erlaubt. Von Mensch zu Mensch hat sich gerade für diese Branche jedenfalls bewährt.

Eine leistungsfähige Gesundheitsbranche in einem leistungsfähigen regionalen Verband ist für die Attraktivität einer Kommune von zentraler Bedeutung. Unsere Hausärzte wachsen vielerorts ins Rentenalter und der Nachwuchs drängelt sich in den dünner besiedelten Regionen – solchen ohne viele Privatversicherten, setzen Sachkundige hinzu – nicht gerade. Teils ist Nachwuchs ausgesprochen rar. Unter den Studierenden für den Bereich Hausärzte sind viele Frauen, von 70 Prozent ist die Rede. Vor allem sie suchen im Berufsleben Standorte und Angebote, die auch kompatibel sind mit ihrer eigenen Familiensituation. Da können Formen von Verbundpraxen sinnvoll sein, in denen Ärztinnen und Ärzte nach festen Praxiszeiten, aber auch in der alltäglichen Aufgabe als aufsuchende Hausärzte gemeinsam für eine gute Versorgung garantieren. Eine individuelle Zuordnung von Patientinnen und Patienten kann trotzdem weitgehend gesichert werden. Medizinische Versorgungszentren (MVZ), in denen Hausärzte angestellt sind und in solchen Verbünden arbeiten, mit hoher regionaler Bindung, können eine qualifizierte zeitgemäße Lösung sein.

Manche Kreise und Kommunen sind aber auch längst dabei, mit Stipendien nachwachsende Mediziner/innen zu fördern und dafür deren Versprechen auf Ortsgebundenheit (auf Zeit oder auf immer) zu erhalten. Aus meiner Sicht ebenfalls ein akzeptabler Weg, vielleicht sogar im Zusammenwirken mit einem MVZ. Dass die Idee doch nicht neu ist, wird man erinnert. Das stimmt. Gemeinschaftspraxen waren in der DDR Standard und leistungsfähig. Das spricht aber weder dagegen, noch ist diese bewährte Idee bisher hinreichend genutzt.

Bei der Gleichwertigkeit der Lebensverhältnisse gilt die Krankenhausdichte manchen und vor allem in der öffentlichen Debatte als Pluspunkt. Verständlich, aber konkretisierungsbedürftig. Denn auch hier gilt die wichtige raumordnerische Regel: Wer sich nur als solitäre Kommune sieht und nicht auch die realen und wichtigen regionalen Bezüge und Chancen mitbeachtet, der schadet sich selbst. Was das konkrete Interesse von Patienten angeht, kommt es mehr auf die verlässliche hohe Leistungsfähigkeit an als auf die Kilometerentfernung vom Zuhause.

»Schwere Krankheit« als Grund für Krankenhausaufenthalte umfasst heutzutage zahlreiche spezielle Arten und Formen. Der optimale Rettungsdienst und Krankentransport ist nicht selten systematischer und effizienter zu organisieren, als die jederzeit qualifizierte Behandlung schwieriger Krankheitsbilder in kleinen Krankenhäusern zu garantieren. Pauschalierungen sind immer fragwürdig, ich weiß und bedenke dies.

Im Konkreten sind das für alle Beteiligten keine leichten Entscheidungen und man muss vor allem den Menschen in der Region verdeutlichen, was die Alternativen sind und dass dabei ihr Interesse im Mittelpunkt stehen muss und nicht alte Gewohnheiten oder ein nominelles Vorzeigeobjekt. Kommunen können sich selbst ins Abseits protestieren, wenn sie sinnvolle Neustrukturierungen unnötig und fälschlicherweise als eigene Deklassierung dramatisieren. Sie müssen sich vernünftigerweise in der Abwägung primär an den Gegebenheiten dieser Zeit orientieren, nicht an Konzepten von gestern und nicht am Wolkenkuckucksheim von übermorgen. Ein weiteres Beispiel für kluges Bemühen um Gleichwertigkeit der Lebensverhältnisse: gemeinsame Stärke bündeln, aber nah genug am Bedarf bleiben. Das kann von Ort zu Ort variieren.

Dazu eine alte Geschichte, die nichts beweist, mich aber viele Jahre begleitet (hat). Ich bekenne mich gerne dazu, als frischgewählter Ratsherr in meiner Heimatgemeinde Sundern im Sauerland 1969 ff. bei denen mitgemacht zu haben, die den bestehenden Krankenhausbauverein, der recht vermögend war und auf die Realisierung seiner Idee zusteuerte, ausmanövrierten. Uns Jüngeren im Gemeinderat schien es sinnvoller, statt eines bestenfalls zweitklassigen Krankenhauses (für das das Grundstück schon gekauft war) in unserem Amtsbezirk mit maximal 25.000 Einwohnern einen sehr leistungsfähigen Notfalldienst zu sichern und eine gute Kooperation mit den drei rund zehn Kilometer entfernten Krankenhäusern auszubauen. So geschah es schließlich. Und diese drei damals bestehenden und konkurrierenden Krankenhäuser haben sich längst selbst zu einem leistungsfähigen Verbund gefunden und spezialisiert und sind zu einem regionalen Standortplus geworden.

Wie auch immer: Die Gesundheitsbranche ist nach Angebotsdichte und Leistungsstärke ein dicker Pluspunkt für das Leben in einer Kommune – oder eben auch nicht. Die Regionen können dabei nicht wirklich gleichziehen mit überragenden Einrichtungen etwa in Universitätsstädten, aber sie können doch ein beachtliches Angebot sicherstellen.

Das Prinzip muss heißen: Selbstbewusst die eigenen Vorteile im Verbund mit den regionalen nutzen. »Das war schon immer so. Das war noch nie anders.« – Das ist selten überzeugend.

Zur Mobilität. Wichtig ist Mobilität lebenslang und überall und in mancherlei Weise. Je älter man wird, umso klarer wird einem das. Kommunen und Regionen sind gut beraten, den Wertigkeitsfaktor Mobilität ernst zu nehmen. Als erstes fallen die ÖPNV-Kapazitäten und deren Frequenz ein. Die Fahrradwege. Die Fußgängerüberwege. Die Ampelschaltungen. Die Anbindung an den Bahnnah- und -fernverkehr. Die Fußwegesysteme im Ort.

Aber längst auch mit im Blick, und zwar hochrangig, ist die erstklassige Ausstattung für den Einsatz moderner Informations- und Kommunikationstechnik. Wichtig für Geschäft und Betrieb, wichtig aber auch ganz privat. Die Digitalisierung kann eine verlässliche Chance sein, Entfernungen zu relativieren. Die Zwangssituation Corona hat da in wenigen Wochen Realitäten geschaffen, die vorher eher auf Jahrzehnte angelegt schienen. Manches wird sich einpendeln. Aber deutliche Spuren werden sichtbar bleiben. Die Entfernung zu den Behörden und Einrichtungen in der Kreisstadt schrumpfen verlässlich. Zu Ärzten, Sparkassen und Lieferdiensten mindestens teilweise.

Und doch: Menschen treffen Menschen. Das wird so sein. Und auch dazu ist Mobilität Bedingung. Technische Mobilität, persönliche Mobilität, kann man sagen auch emotionale?! Ich denke schon.

Bleiben wir noch etwas bei der Straße. Wir haben immer wissend genickt, wenn wir über die unzulänglichen Straßenstrukturen in alten Städten redeten und meinten die Planer von vor 150 Jahren und mehr. Jetzt merken wir nicht selten, dass wir es in den 70 Jahren, die wir rückwärts überblicken, oftmals auch nicht klüger gemacht haben. Die Verkehrsdichte und Platzenge in vielen Teilen der Städte, die zurzeit Stockwerke auf die Häuser bauen, wird weiter zunehmen. Dass Straßen und Fußwege Kinderspielplätze waren und sein können, wagt man ja kaum noch anzusprechen. Außer in kleinen Städten und Dörfern. Die städtischen Gehwege scheiden auch deshalb als Spielplätze endgültig aus, weil da ja die E-Scooter quer parken / liegen.

Bürgerbusse – teils ehrenamtlich betrieben –, die speziell für mobilitätsbehinderte Menschen nützlich sein können, gibt es in unterschiedlichen Formationen mancherorts schon. Die Idee lässt sich weiter optimieren. Man nehme: zwei gespendete Gebrauchtwagen (die zukünftig für den Spender Reklame fahren), angemeldet und versichert durch die Kommune, betreut vom örtlichen Fuhrpark, mehrere Männer (die gerne fahren, in Schicht oder nach Absprache), mehrere Frauen (die bei der Fahrplangestaltung am zentralen Bürgerbustelefon geschickter sind), eine Voranmeldungsfrist von mindestens einem Tag oder X Stunden, eine Fahrregelung (maximale Entfernung und Zeit, maximale Personenzahl), Alters- bzw. Statusregelung, niedriger pauschaler Unkostenbeitrag. Oder ähnlich. Oder ziemlich anders.

Das Thema Führerschein im Alter ist für Menschen in Großstädten mit dichtem ÖPNV-Takt kein wirkliches Problem, es sei denn eines der persönlichen Eitelkeit oder der realistischen Selbsteinschätzung. In kleineren Städten kann das schon wesentlich komplizierter werden. Und in weiten Flächen des ländlichen Raumes reicht das ans Existenzielle. Das schöne selbstgenutzte Wohneigentum nahe am Wald verliert seine Attraktivität, wenn man in ihm gefangen ist, weil das mit dem Selberfahren nicht mehr so richtig klappt und die Einsicht reicht, es auch nicht mehr selbst am Steuer zu versuchen. Solche Fälle – in mancherlei Varianten – nehmen zweifellos zu, und es wäre fatal, die Aussprache dazu zu verweigern.

Autofahren, wenn man sicher ist, ist in jedem Alter anregend, es fordert und fördert Aufmerksamkeit und Reaktionsfähigkeit. Es weitgehend einzuschränken, wenn man älter und / oder am Steuer unsicher wird, ist keine gute Lösung.

Wer selten fährt, verliert beschleunigt weiter an Fahrsicherheit. Wer aber dann fährt, bewusst unnötig viel oder extrem wenig, der geht für sich (und andere) ins Risiko.

Das Thema Führerschein rührt auch schon an die Fragen der Kernmobilität, an die eigene, körperliche Mobilität. Auch an die Frage, wie wir unnötige Barrieren abbauen oder von vornherein vermeiden. Zum Beispiel in der eigenen Wohnung, zur Stärkung der Sturzprophylaxe. Dazu mehr im folgenden Beitrag über das Älterwerden als ein gutes Stück Leben. Mobilität als wichtiger Aspekt der Lebensqualität in Vielfalt.

Die Raumordnung. Hier will ich aber noch zwei Aspekte der Thematik Gleichwertigkeit vertiefen, die grundlegend sind. Die Raumordnung und die Kommunen, die beide schon vorkamen, ermuntern zu einem besonderen Blick auf ihre Rolle, wenn es um Lebensqualität geht.

Wohl schon immer, seit wir Menschen sesshaft sind – das scheinen so gut 15 Millionen Jahre zu sein –, liest man, bilden sich Räume, Standorte, die isoliert und eigenständig sind oder Netzwerke, in denen das Solitäre zurücktritt und weitgehende Kooperation alltäglich ist. Alles immer im damals gemächlicheren Tempo und im Wandel.

Die Mobilität heute – die der Menschen, der Güter und in besonderer Weise die der Information und Kommunikation – verändert die Rolle der Räume und ermöglicht Neujustierungen in rasantem Tempo. In den jüngsten hundert Jahren in vorher unvorstellbarer Weise. Grenzen verlieren ihre Logik und wirken wie Stadtmauern von damals heute – museumsreif. Die Europäische Union hat viele gute Begründungen, sie ist auch ein legitimes Kind des Zeitalters der Mobilität. Die Vereinten Nationen muten an wie die endlich mögliche und finale Fassung der menschlichen Raumordnung, die wir uns für »unseren« Planeten Erde ausdenken können. Und final heißt hier nicht abschließend / beendigend, sondern: absichtsvoll und optimierend. Aber unsere technischen Fortschritte haben sich wesentlich schneller entwickelt als unsere soziologischen und politischen Einsichten. Die müssen wir vorsichtig, aber doch zielstrebig in Übereinstimmung bringen mit den Realitäten und Möglichkeiten menschlicher Existenz. Nationalismus hatte seine Zeit vor der Eisenbahn, dem Auto und dem Flugzeug. Der deutsche Kaiser setzte bekanntlich aufs Pferd. Aber Achtung: Das alles heißt leider nicht, dass der Nationalismus nicht noch lebensgefährlich werden kann.

Und der Multilateralismus, der zweifellos die Chancen auf die Sicherung der Bewohnbarkeit der Erde fördern kann und die Chancen auf weltweiten Wohlstand auch, ist noch nicht der Sieger. Auch Ereignisse wie katastrophale Pandemien, wie wir sie erleben, müssen als Gefahr realisiert und beherrscht werden. Bleiben wir hier bei der Raumordnung im eigenen Lande.

Die Entfernung zum nächsten Ballungszentrum – Metropole, Regiopole – ist wichtig, denn dort finden sich das weiterführende Bildungsangebot, auch das größere und vielfältigere Angebot an Arbeitsplätzen. Nicht immer ist das so, aber überwiegend. Man kann fragen, ob die Millionen Kilometer, die wir in Deutschland täglich zwischen Zuhause und Arbeitsplatz oder Bildungsort zurücklegen, sinnvoll sein können für die Umwelt und für unser persönliches Zeitbudget.

Ob Corona viel an unserem Mobilitätsdrang ändert? Ich denke, dass die Berufsarbeit zuhause und vielleicht auch das Lernen zuhause zunehmen, aber nicht epochal. Wir lieben die Mobilität denn doch zu sehr, sie ist immer auch der Aufbruch in die mehr oder weniger weite Welt tagtäglich. Und die Mobilitätsförderer, die Autos und Züge und Flugzeuge und Busse und Fahrräder und E-Scooter liefern und teils betreiben, verbinden sich so vielfältig und eng mit Arbeit und

Beruf und Wohlstand, dass mindestens der öffentliche Drang zur Mobilitätsbremse recht überschaubar sein wird. Warten wir ab – oder gestalten wir es. Erst müssen wir noch Tempo 130 deckeln.

Solange ganz überwiegend Homeoffice gemacht wird von Arbeitnehmer/innen, die in Mobilitätsentfernung wohnen und die nötigenfalls / gelegentlich / bei Bedarf stattdessen im Betrieb / im Büro auftauchen und arbeiten können, wird die raumordnerische Wirkung marginal sein. Wenn die »Heimarbeiter« so weit weg von ihrer Betriebs- oder Bürozentrale leben, dass sie definitiv nicht im Unternehmen vor Ort sein können, und wenn das in großer Zahl passiert, kann das raumordnerische Wirkung haben auf Wohnungsmarkt und Grundstückspreise. Rufzeichen, Fragezeichen.

Die Ballung ist attraktiv für den Raum, die Großstadt für die kleinen Kommunen und die Dörfer. Aber es gilt dies umgekehrt in mancherlei Hinsicht auch: Die kleinen Einheiten sind wichtig für die großen. Einer stabilisiert den anderen. Pole sind Magnete, aber Umland ist Rückzugs- und Gestaltungsraum. Daraus können beide Vorteile ziehen. Einer stabilisiert den anderen. Das ist Geben und Nehmen in beide Richtungen, sogar in alle Richtungen. Man muss sich nur vorstellen, ganz Deutschland wäre Stadt oder ganz Deutschland wäre ländlicher Raum, um sich darüber riesig zu freuen, dass die Realität ist, wie sie ist. Im Ausgang vorteilhaft und in der Tendenz gestaltbar.

(Was uns dabei wirklich Sorgen machen muss, aber in den einschlägigen Raumordnungs- und Gleichwertigkeitsdebatten fast nullkommanull vorkommt, sind unsere Witterungsbedingungen. Zweifellos sind sie ein wesentlicher Grund für unseren Wohlstand. Sie optimieren übers Jahr für die Natur deren Fruchtbarkeit und für uns Menschen und unsere Wirtschaft die Produktivitätspotenziale. Das ist alles gut zueinander passend und gut aufeinander abgestimmt, über Generationen gelernt. Größere Abweichungen über zwei Legislaturperioden würden mancherlei größere politische Korrekturen verlangen. Dass wir uns diese Sorge nicht machen müssen, das hoffe ich auch. Und dann sind wir ja schon zwei.)

Mit dem Drang zum Abitur und zu den Universitäten haben viele Universitätsstädte, auch und gerade die mittleren und kleineren, einen Attraktivitätsschub bekommen. Das vergrößert die Zahl der Regiopole und ist nützlich für die Gesamtstruktur. Und wenn man dann noch sieht, wie auch größere Teile mancher Städte abgehängt sind in einem Maße, wie es draußen die weitest entfernten ländlichen Räume nicht sind, sondern trister und perspektivloser, dann wird noch klarer: *Die Vielfalt ist groß.* Manches pendelt sich aus und wird durch gezielte Maßnahmen zurechtgestutzt. Es ist ja nicht so, dass das alles neu wäre. Oder dass sich niemand kümmerte. Aber wahr ist eben auch, dass punktuelle wie pauschale Herangehensweisen nur begrenzt wirksam sind und der Gesamttrend riskant ist. Alle wissen, Raumordnungspolitik, die große Einheiten als fortschrittlich und Dörfer und ländliche Räume als vorgestrig ansähe, wäre auf dem falschen Weg. In Wahrheit sind dann manchmal weniger die Ungleichwertigkeiten der Lebensverhältnisse die Messlatte für Ärgerlichkeiten, sondern spezieller Zeitgeist oder großökonomische Interessen, Geldschneiderei.

Die bedrohliche Wahrheit bleibt, dass einzelne Stadtteile oder Ortsteile und auch größere Räume mit kleinen Einheiten von erheblicher und langanhaltender Entwicklungsschwäche betroffen sind. Ihr Wandel ist in Wahrheit eine dicke Krise, und eine Tendenzwende ist nicht erkennbar, ja, ohne Unterstützung nicht denkbar. Im Gegenteil. Klar wird bei solchen Vergleichen, dass die Fixierung auf Kategorien wenig aussagt und zunächst einmal nichts bewirkt.

Jede Kommune und jede Region ist eben wirklich ein Unikat und das gilt auch für den Blick nach vorn und die spezifischen Chancen und Risiken. Natürlich hat es in der Geschichte immer wieder Siedlungen, Ortschaften, Städte gegeben, die aus mancherlei Gründen an ihr Ende kamen, versandeten, Denkmale wurden oder abgetragen und überwuchert. Wir Menschen hatten und haben erheblichen Einfluss darauf. Alles bekannt.

Und man darf sich auch noch fragen, ob die heutige Hyperdynamik einiger Großstädte wirklich klüger ist, als eine Stabilisierung der Regionen und die Verbesserung der Vernetzung es wäre.

Die Menschheit strömt weltweit in Riesenmetropolen, hört man als Perspektive und absoluten Fakt. Das mag so stimmen. Was heißt das aber für unser Land? Gemessen an diesen Maxistädten mit Dutzenden Millionen Einwohnern ist selbst Berlin ein Stadtteil. Das spricht für Berlin. Und auch dafür, dass die historisch späte staatliche Bündelung deutscher Lande Grundstrukturen für eine relativ überschaubare und doch belastbare und erfolgreiche Vernetzung hinterlassen hat, die für ein neuzeitliches »Miteinander in relativ dichter Unterschiedlichkeit« gut passen.

Deshalb: Ob es wirklich klug wäre, diese Struktur, die sich bewährt und die geholfen hat, raumordnerisch übersichtlich-entspannt und ökonomisch erfolgreich zu sein, an ihren Rändern und in ihren Zusammenhängen mehr oder weniger dem Zufall zu überlassen, ist eine wichtige Frage strategischer Natur für Politik und Gesellschaft. Man sieht nicht recht, was wirklich raumordnerisch dafür spräche. Nur abwarten und sich auf gewachsene Strukturen zu verlassen, ist allerdings zu wenig und riskant. Und Aktionismus, der die Komplexität der Aufgabe unterschätzt, ist ohnehin ein Risiko. Auf den

Markt, der angeblich alles richtet, dürfen wir uns bei beidem nicht verlassen. Politik und Gesellschaft sind gefordert.

Raumordnungsplanung war als Kernanliegen in der Politik der Bundesrepublik (alt) virulent und führte zu umfangreichen Raumordnungsberichten. Und in ihrem Zusammenhang zu Landesentwicklungsplänen. Metropolen und ländliche Räume und Solitäre waren Orientierungsmarken bei der Lösungssuche. Darin spiegelten sich immer auch die föderalen Grundgedanken. Und die Stadtentwicklungsplanung (leider vielerorts zu spät), einschließlich des eifernden Umgangs mit § 35 – Außenbereich – des Bundesbaugesetzes, waren langanhaltende Themen, alles unter dem Eindruck von fast exorbitantem Wachstum bis in die 1970er-Jahre. Auch die Bodenwertzuwachssteuer, an die Hans-Jochen Vogel, damals zeitweilig Bundesminister für Raumordnung, Bauwesen und Städtebau, 2019 noch einmal mit einem beachtenswerten Appell erinnerte. Sie sollte und könnte immer noch ein Instrument der Gerechtigkeit und der Verhinderung leichtfertiger Bodenspekulation und der unnötigen Bodenversiegelung und der Zersplitterung der Landschaft sein. Sie zielte auf einen zentralen Punkt raumordnerischen Handelns: das Eigentum an Grund und Boden, die Verfügungsmacht darüber, also Steuerungselemente, die den Interessen der Allgemeinheit genügen können.

Hier wäre ein spezieller Abschnitt zu Vermögensgewinnen und -verlusten bei Gebäuden und Grundstücken angebracht. Einen generellen Trend sehen wir bei den Wohnkosten in den dynamischen Städten. Darüber haben wir auch gesprochen, und dazu wird dieses und jenes unternommen. Kaum öffentlich erwähnt sind die Vermögenverluste, die in der Fläche und in strukturschwachen Stadtteilen entstehen, wenn in absehbarer Zeit noch viel stärker als jetzt ungenutzte Gebäude

Dr. Hans-Jochen Vogel ist am 26. Juli 2020 gestorben, 94 Jahre alt. Auch das wird vielen in Erinnerung bleiben am Jahr 2020.

Er war über Jahrzehnte aktiver Demokrat, als Sozialdemokrat, als Oberbürgermeister und Regierender Bürgermeister, als Bundesminister für Raumordnung, Bauwesen und Städtebau, als Justizminister, als Abgeordneter und Fraktionsvorsitzender, als SPD-Bundesvorsitzender und Kanzlerkandidat.

Nach seinem Ausscheiden 1991 aus offiziellen politischen Ämtern hat er sich zivilgesellschaftlich engagiert als Vorsitzender von »Gegen Vergessen – Für Demokratie e. V.«

Hans-Jochen Vogel hat das Grundgesetz ernstgenommen: Dass die Würde des Menschen unantastbar ist.

Dass wir ein demokratischer und sozialer Bundesstaat sind.

Dass wir selbstbestimmt sind, aber auch mitverantwortlich, auch im Älterwerden und Altsein.

Ein großer Deutscher und Europäer.

und speziell Wohnraum dort leer stehen. Darf man einfach zusehen, wenn Millionen Wohnungen vergammeln und Menschen erarbeitetes Vermögen verlieren, während an anderen Orten Preise in die Wolken schießen? Läuft das alles unter »persönliches Risiko« oder hat das was mit Raumordnung und Gleichwertigkeit der Lebensverhältnisse zu tun?

In meiner Erinnerung kamen damals immer erstaunlich wenig die großen Struktur- und Existenzfragen der Landwirtschaft zur Sprache und deren Auswirkungen auf die Gleichwertigkeit der Lebensverhältnisse in allen Landesteilen. Und sehr viel anders geworden ist das bisher wohl nicht.

Wesentlich stärker geprägt waren die grundsätzlichen Erörterungen zur Gleichwertigkeit der Lebensverhältnisse schon seit Jahrzehnten von der Schrumpfungsperspektive des industriellen Kohle-Stahl-Komplexes und dann dem rasanten Wachstum der Autoindustrie und natürlich der vielfältigen Intensivierung des internationalen Handels überhaupt. Die Zulieferstrukturen im Bereich Auto und Mobilität insgesamt waren und sind noch weit übers Land verteilt, bis tief in die ländlichen Räume hinein. In den jüngeren Jahrzehnten wurden die Erneuerbaren Energien eine weitere wachsende Branche mit zahlreichen Arbeitsplätzen und recht breiter regionaler Streuung.

Die Veränderungen, verbunden mit stark wachsender Mobilität vieler Menschen, schlugen sich deutlich im Länderfinanzausgleich nieder. Besonders der Süden und der Südwesten gewannen Wachstumspotenziale hinzu. Bayern war nicht länger unterstützungsbedürftiges Nehmerland im Länderfinanzausgleich, wie in der Frühzeit der BRD (alt).

Dass in der Fläche bei der Landwirtschaft in all den Jahren ohne erkennbare angemessene Beachtung Arbeitsplätze in sehr großer Zahl verlorengingen, hat die Fläche strukturell dauerhaft geschwächt. Die Technologie- und Automatisierungssprünge im Bereich Landwirtschaft, man kann auch von Industrialisierung sprechen (siehe Fleischindustrie, aber nicht nur), wurde selten raumordnerisch problematisiert. Der Vorgang an sich war wohl unvermeidlich, wenn man konkurrenzfähig bleiben und sich nicht aufgeben wollte. Er hat unsere Nahrungsmittel vermehrfacht und relativ preiswert gehalten. In der Fläche hat das Arbeitsplätze in großer Zahl gekostet, für die es in den jeweiligen Regionen nur begrenzt Ersatz in anderen Branchen gab. Tourismus half und hilft, gleicht das aber nicht aus. (Die unmittelbaren umweltpolitischen Konsequenzen der Industrialisierung der Landwirtschaft mögen raumordnerisch geringere Bedeutung haben, vielfältige Wirkung haben sie aber selbstverständlich auch.)

Bei den raumordnerischen Debatten zum ländlichen Raum ging es oft und vor allem um unzureichende Bildungsangebote für die nachwachsenden Generationen. Das erste Gebot bezüglich Gleichwertigkeit hieß also: Bildung, Bildung, Bildung, Befähigungsgerechtigkeit, damit die Kinder und Jugendlichen gute Zukunftschancen für sich finden konnten, wenn im Ergebnis auch oftmals viele Kilometer entfernt. Aber, wie schon geschrieben, da veränderte sich viel. Besagtes katholisches Mädchen aus dem Bauerdorf kam problemlos an der Universität an und in Berufen im ganzen Land und darüber hinaus, die ihm vorher lange verschlossen waren.

Eine Variante zu diesem Teil des Themas spielte in NRW und ist auch ein Stück deutsche Geschichte. Dass die Preußen die Westfalen (zu den Rheinländern weiß man es nicht so ausdrücklich) nur im Reich haben wollten, wenn in diesen Regionen nur wenige Universitäten und Kasernen waren – wegen der mit dem Wissen verbundenen Gefahren und wegen der Gewehre –, gehörte zum überlieferten Erfahrungsschatz der älteren Generation an uns Junge. Mit etwas Augenzwinkern, aber immerhin. Und man wusste ja, auch der ansonsten heißverehrte Düsseldorfer Heinrich Heine hatte sich einschlägig zu Westfalen eingelassen:

> Der Himmel erhalte dich, wackeres Volk,
> Er segne deine Saaten,
> Bewahre dich vor Krieg und Ruhm,
> Vor Helden und Heldentaten.
> Er schenke deinen Söhnen stets
> Ein sehr gelindes Examen,
> Und deine Töchter bringe er hübsch
> Unter die Haube – Amen!

Und Nordrhein-Westfalen wurde auch erst 1946 und auf Betreiben der Westalliierten zum Bundesland und für wichtige Jahrzehnte Lokomotive für Aufbruch und wachsenden Wohlstand, es wurde das Land von und mit Kohle und Stahl. Eine Voraussetzung dafür, dass dieser Teil Deutschlands schnell der recht attraktive, wohlhabende Puffer gegen den Kommunismus werden konnte, der mitten in Deutschland stand und mit Hunderttausenden Soldaten auf seine Chance zu warten schien. Eine geostrategische Entscheidung mit Weitblick, dieses expandierende Nordrhein-Westfalen. Johannes Rau jedenfalls, in jungen Jahren Wissenschaftsminister des Landes, ermunterte und predigte: Baut und richtet Universitäten ein, viele und verbreitet sie übers Land, besonders im Ruhrgebiet. Eröffnet auch Fernuniversitäten (siehe Hagen) und auch Privatuniversitäten (siehe Witten, für einen Sozialdemokraten damals eine mutige Forderung), denn unsere industrielle Dominanz kann nicht von ewiger Dauer sein, mindestens nicht ausreichend für eine Gleichwertigkeit der Lebensverhältnisse überall. Das sagte er, und das stimmte. Die Universitäten gibt es. Und so manches Neue, was sich aus ihrer Anwesenheit ergibt. Nordrhein-Westfalen ist ein Beispiel dafür, dass und wie tiefgreifender Strukturwandel auch Zukunftsfähigkeit beinhalten kann. Auch dass das große Anstrengungen erfordert und kein Selbstläufer sein kann. Die Gefahr einer dauerhaften Depression für die Ruhr-Region ist wohl gebannt. Es braucht täglich neues Engagement, es dauert, aber es bewegt sich was. In die richtige Richtung. Die Region an Rhein und Ruhr war im Übrigen nicht die einzige, die nach ihrem Aufstieg ab den 1970er-Jahren ins Stocken kam. Das Saarland hatte vergleichbare Sorgen wie NRW, auch in Sachen Kohle und Stahl, aber in anderer Dimension. Die Werftenkrise und große Rationalisierungsschübe in vielen Branchen zeigten Grenzen auf. Aber das Niveau insgesamt blieb beachtlich. Die Wochenarbeitszeit sank seit 1955 von 48 Stunden auf unter 38 Stunden, bei vollem Lohnausgleich. Es ging uns gut.

Als 1989/90 die Mauer fiel und Deutschland frei und wieder einig Vaterland wurde, war die Freude groß. Freiheit in Frieden. Eine schier unglaubliche Revolution.

Manche sagen das heute mit weniger Enthusiasmus als damals. Aber es bleibt die Wahrheit und die dürfen wir Deutsche uns nicht miesmachen lassen. Wenn auch der Alltag nicht immer nur erfreulich war und ist.

Ja, Zusammenwachsen ist nicht einfach, zumal ohne Drehbuch und mit vielen Regisseuren. Vor allem mit viel Improvisation und konkurrierenden Akteuren, die nicht alle immer mit gleich gutem Willen am Werk waren und sind. Dass zeitgleich das »DDR-Hinterland UdSSR« zerbrach, machte die Sache beschwerlicher als alles Innerdeutsche. Aber – und das wiegt alle Reserviertheit und Nörgelei mehr als auf – mit vielen Menschen im ganzen Land – und in anderen Ländern! –, die an der Chance festhielten und mithalfen, ist daraus Gutes entstanden. Kein Land ist irgendwann endgültig fertig. Und auch dieses ohnehin komplizierte Deutschland entwickelt sich weiter. Chancen sind Chancen, nicht mehr, nicht weniger. Ein schmerzfreier Selbstläufer wurde es nicht, dafür war zu viel Verqueres in den dominierenden Generationen im Spiel. Aber es hat sich gelohnt für uns Menschen, und das soll auch den weiteren gemeinsamen Weg bestimmen.

Und wir dürfen, was die Gleichwertigkeit der Lebensverhältnisse in allen Landesteilen angeht, nicht verdrängen, dass es in diesen drei Jahrzehnten immer zwei Aufgaben gab, die unterschiedlich und doch aufeinander bezogen waren: der Prozess der Einheitsbildung der beiden vorläufigen Deutschland zur vereinten Bundesrepublik Deutschland. Und – zweitens – der Wandel der Zeit allgemein. Das Land vereinigte sich und wandelte sich gleichzeitig. Einen Plan gab es nicht, für beides nicht und der hätte auch nicht helfen können. Das Statische, Verbindliche in all dem waren die Werte und Ziele, die sich aus unserem Grundgesetz für unseren demokratischen und sozialen Bundesstaat ergeben. Und das Gebot der Gleichwertigkeit der Lebensverhältnisse in allen Landesteilen ist dabei ein wichtiger Eckpunkt. Deshalb gehört das Thema nicht ins Museum, sondern auf den Tisch.

Was die Aufgabe noch komplizierter macht mit dem Abstand zu 1989/90, ist der tief greifende Wandel, den Europa insgesamt und viele Teile der Welt erleben. Die deutsche Revolution 1989 und dann die Einheit markierten das Ende der bipolaren Welt, des »Westens und Ostens«. Und das Thema der Gleichwertigkeit und deren Verhältnis zu Staatsgrenzen ist neu aufgebrochen, hoffentlich nicht zu sehr auch in Europa.

Die beiden deutschen Landesteile waren 1989/90 in sehr unterschiedlichen Stadien ihrer Entwicklung und in sehr unterschiedlichen Systemen. Es ging nicht simpel um ein bisschen Modernisierung, um Akzente, sondern um den Ausgleich prinzipiell und konkret unvereinbare Unterschiede. Was die Wirtschaft angeht, in Sachen Schwerindustrie eher weniger, von der Produktivität abgesehen. Aber raumordnerisch erheblich. Besonders schwerwiegend auch in Sachen Autoindustrie und Zubehör. Damit kann man nicht das ganze Dilemma erklären, aber wenn in der Endphase der DDR in staatseigenen Betrieben Autos gebaut wurden, die für wenig mehr als die Hälfte ihrer Herstellungskosten verkauft wurden, kann man sich die Erlöslage der Unternehmen, letztlich des Staates vorstellen. Und auch das Kapitel Landwirtschaft war wohl von ähnlicher Wucht in Bezug auf durchgängige Industrialisierung, Arbeitsplätze und Prosperität.

Es ging in Sachen Wirtschaft und Arbeit nicht um Kompromisse zweier Systeme, um daraus ein besseres Neues zu machen. Nicht um die Lockerung von Verzerrungen, um graduelle Modernisierungen. Es ging darum, im Bereich der ehemaligen DDR aus dem vorhandenen System auszusteigen und mit dem der Bundesrepublik (alt) – der sozialen Marktwirtschaft – kompatibel und so identisch zu werden, in absoluter Übereinstimmung zu sein.

Und diese Synchronschaltung musste nicht im Labor oder auf der Versuchsstation erfolgen, sondern bei voller Fahrt. Dabei waren individuelle Interessen der betroffenen Menschen zu beachten, so gut und gerecht wie nur möglich. Das Zwischenergebnis von heute wird unterschiedlich eingeschätzt. Abfinden dürfen wir uns nicht, denn nicht alle Ergebnisse sind wie erhofft. Trotzdem macht es keinen Sinn, wöchentlich einmal diese Rechnungen aufzumachen und Soll und Haben zu vergleichen. Wir sind ein – überwiegend gelungenes – gutes Stück weiter.

Heute kommt es darauf an, dass alle Politik der Gleichwertigkeit der Lebensverhältnisse sich in ihren Begründungen und Handlungen am Wandel der jüngsten 30 Jahre und an dem Wandel im ganzen Land in Politik und Gesellschaft ausrichtet und doch auch an dem in den Ländern mit ihren erheblichen Unterschiedlichkeiten. Alles nicht rückblickend mäandernd, sondern zeitgemäß zielgerichtet nach vorn. Und mit Respekt dafür, dass wir lange Zeit unter sehr unterschiedlichen Bedingungen standen und wir diese Zeit »ausleben« – ja, »ausleben« –müssen. Vor allem aber: dass wir den jungen Generationen Mut machen wollen für einen ganz und gar gemeinsamen Weg in die Zukunft. Es kann für alle ein guter Weg sein.

In der Ausgangslage können wir uns gemeinsam daran orientieren: Unsere Bevölkerung ist unterjüngt. Verstärkt wirkt sich das in den kommenden Jahrzehnten in kleinen und strukturschwachen Kommunen und Regionen in ganz Deutschland aus. Dazu gehören auch einige Großstädte, dort überwiegend Stadtteile. Das Ziel der Gleichwertigkeit der Lebensverhältnisse müssen wir ernst nehmen. Kontroversen dürfen nicht verdrängt, beschwiegen und ihrem Schicksal überlassen werden.

Unsere Potenziale sind landesweit gut. Die Folgen der Pandemie werden uns auch ökonomisch erheblich fordern, es wäre leichtfertig, das zu ignorieren oder schön zu malen. Das kostet richtige Anstrengung. Aber auch diese Phase werden wir bestehen. Und vielleicht sogar mit Ideen und Mut das eine oder andere Vorteilhafte daraus machen. Das Ziel muss gelten. Und dann kommt es an aufs rechtzeitige und aktive Handeln. Aufs Handeln so bald wie nur möglich.

Wenn in etwa 15 bis 30 Jahren die starken Jahrgänge der 1950 bis 1965 Geborenen, deren Kinder und Enkel weniger sind und woanders wohnen, endgültig zu schrumpfen beginnen, wird das Dilemma erst richtig erkennbar. Ob die Situation dann mit einer geschrumpften Bevölkerungszahl stabilisiert werden kann, wird wesentlich davon abhängen, was bis dahin schon geschieht. Das heißt: was jetzt und in naher Zukunft angeschoben wird. 15 bis 30 Jahre sind für solche Prozesse keine Ewigkeit.

Getan werden kann noch eine Menge. Aber die Menschen, die in besonderer Weise von solchen Entwicklungen betroffen sind, fühlen und ahnen auch, wohin Zuspitzungen führen können. Sie stemmen sich vielfach dagegen und das ist gut und verdient besondere Unterstützung. Die Menschen erwarten zurecht, dass die »große Politik« sich einschaltet, aber sie entwickeln auch eigene Perspektiven und Lösungsansätze, in Dörfern, Quartieren und Stadtteilen, und handeln in konkreter Solidargemeinschaft. Das muss gelobt, gefördert und gefestig werden bis hin zur Normalität / zum Spezifikum mit Zukunft. Trotzdem bleibt realistischer Weise wahr: Manche dieser hoffnungsvollen Ansätze und guten konkreten Initiativen können in den kommenden Jahrzehnten in der Marginalisierung enden, unterhalb der Mindeststandards einer existenzfähigen Kommune. Auch diesem Risiko muss man sich stellen. Überall in Deutschland.

Das hat dann zwar nicht die Massivität von Braunkohle-Baggern, wohl aber endgültig enttäuschende Ergebnisse. Wenn die Altersstruktur in den Kommunen kopfsteht, ist die Konsequenz absehbar. Ein schwieriges Thema, aber Raumordnungspolitik, wenn sie sich nicht im Beschreiben genug sein will, darf weder das Risiko verschweigen, noch Mut machende Maßnahmen zur gezielten Stabilisierung einschließlich Neujustierung ausschließen.

Die Kerze schlichtweg abbrennen lassen und kein neues Licht rechtzeitig anzuzünden, ist falsch, ja verantwortungslos. Und auch gefährlich für die Glaubwürdigkeit von Demokratie. Der Umgang mit solchen Themen und Herausforderungen ist anstrengend und für die Politik nicht von vornherein beifallsträchtig. Aber er ist nötig und er enthält, richtig angefasst, mehr an guter Perspektive als an riskanter.

Die Rolle der Kommunen. Bei all dem reicht nicht ein Kommando von oben herab. Kommunalpolitik muss nicht nur wirkungsmächtig sein, sondern auch überzeugende Formen finden und praktizieren, die betroffenen Menschen zu beteiligen und ihnen so ehrliche Möglichkeiten der Mitgestaltung zu eröffnen. Rechtzeitig. Ich wiederhole, aber es ist auch wichtig: Kommunalpolitik ist zentrales Feld praktischer Demokratie.

Und sie ist von zentraler Bedeutung für das Gelingen von Lebensqualität in Vielfalt, um die es hier weiter gehen soll.

Die auch anderswo schon angesprochene Idee der Gemeinschaftsaufgabe – im Grundgesetz verankert – könnte die Aspekte Altersstrukturen, Wanderungen und Integration zu einem mittelfristigen Konzept bündeln. Sie sind ohnehin vielfältig aufeinander bezogen und brauchen mehr Aufmerksamkeit, die langfristigere Perspektiven mit im Blick hat. Eine erfolgreiche Gemeinschaftsaufgabe braucht als Voraussetzung eine verbindliche Absprache und Handlungsweise von Bund und Ländern, die mehrere Legislaturperioden übergreift. Konzepte wie die »Regionale« in NRW sind Ansätze, die stabilisierende Beiträge leisten können und engagierte Fortsetzung verdient haben.

Die Sorgen, solche längerfristig angelegten Politikkonzepte könnten legislative oder exekutive Rechte tangieren, sind nicht plausibel. Eher im Gegenteil. Irgendwo – bei Bund, Ländern, Kommunen – ist immer bald Wahl. Und Demokratie kennt keine prinzipiellen Nullpunktsituationen, die bei Wahlen einen totalen Politikwechsel ermöglichen. Nicht nur der Fortschritt, auch der Föderalismus ist von Natur aus eine Schnecke. Und das ist gut so.

Man kann alternativ den Dingen ihren freien Lauf lassen und abwarten. Das ist ein großes Risiko, was Gleichwertigkeit und Lebensqualität angeht. Wahrscheinlich wird es dann Leuchttürme und Müllhalden geben. Kommunen wie Menschen »planen« ihre Perspektive in aller Regel für mehr als vier oder fünf Jahre. Kontinuität mit gelinden Kurven ist ihnen lieber als punktuelles Haarnadelkurvenrennen. Weshalb wird dann das Instrument Gemeinschaftsaufgabe so sparsam genutzt? Weil man mit ihr Kompromisse machen muss und kurzzeitige Gestaltungsmacht verlieren kann. Und ich rede hier nicht dem durchdeklinierten Zehnjahresplan das Wort und nicht dem zentralen Dirigismus. Da sehe ich nicht die Lösung.

Es geht um den Mut, rechtzeitig und überhaupt Probleme anzupacken, die sich nicht zwingend mit popularitätsfördernden Versprechen verbinden. Das klingt herb und ist auch so gemeint. Aber es gibt auch viele in der Politik und in der Gesellschaft, die es besser wissen und auch besser tun und die Mut machen.

Dass es bei alldem Kommunen mit um die 100 Einwohnern gibt und solche mit über einer Million, macht die Sache nur scheinbar komplizierter, es ändert im Prinzip an den Herausforderungen und an den Zielen nichts. Landkreise und innerstädtische Bezirke / Quartiere sind bewährte und auch ausbaubare und gestaltbare kommunale Einheiten, sie sind immer auch gemeint, wenn hier von Kommunen die Rede ist.

Aber es kommt noch einmal die Frage auf, ob unsere Kommunen, die alle Unikate sind, hinreichend Instrumente und finanzielle Mittel verfügbar haben, um qualifizierte Gleichwertigkeit für ihre Bürgerinnen und Bürger zu ermöglichen. Und: Ob das auch Gleichwertigkeit meint im Vergleich zu den Menschen in anderen Kommunen. Und wenn es doch markante Unterschiede zwischen den Kommunen gibt: Wie gleich oder unvermeidlich ungleich die Potenziale der jeweiligen Landespolitiken sind und ihr Bemühen um die angestrebte Gleichwertigkeit.

Die Zeit der Stadtmauern ist lange vorbei und mehr als je sind Menschen – das Alter spielt dabei eine gewisse Rolle – regelmäßig täglich oder oft in mehreren Kommunen anwesend, wenn auch nicht im postalischen Sinne. Das betrifft vor allem Schule, Studium, Beruf, Kliniken, Freizeit, Kultur, Sozialbereich, Mobilität, Sport. Es hängt mal wieder fast alles mit allem zusammen.

Die Kommunen und Regionen haben offensichtlich deutlich unterschiedliche Potenziale und so auch unterschiedliche Gestaltungschancen. Das kann für die Kommunen zu einer Abstiegsspirale generell führen, was Zukunftsfähigkeit betrifft, und für die Bewohner solcher Kommunen zu einer massiven Ungleichwertigkeit ihrer Lebensverhältnisse. Auch für die staatlichen Ebenen ergeben sich dann negative Effekte, denn Kommunen sind systemrelevante Investoren, bei denen nicht das Minus des Einen durch ein Plus des Anderen ausgeglichen wird.

Die deutsche Sozialdemokratie hat sich in ihrem Hamburger Programm – beschlossen auf dem SPD-Bundesparteitag 2007 – deutlich zur Bedeutung der Kommunen geäußert und versprochen:

»Darum stärken wir die kommunale Selbstverwaltung, verbessern ihre Qualität und vergrößern ihre Organisationsfreiheiten. Wir erweitern den finanziellen Handlungsspielraum der Kommunen und übertragen ihnen keine Aufgabe ohne die dafür erforderlichen Mittel.«

Das entspricht auch dem, was unser Grundgesetz zum Gesamtkomplex kommunaler Verantwortung sagt:

Artikel 28 Absatz 2: Den Gemeinden muss das Recht gewährleistet sein, alle Angelegenheiten der örtlichen Gemeinschaft im Rahmen der Gesetze in eigener Verantwortung zu regeln.

Artikel 33 Absatz 1: Jeder Deutsche hat in jedem Land die gleichen staatsbürgerlichen Rechte und Pflichten. (Anmerkung: War das in dieser Corona-Zeit auch immer so?)

Artikel 72 Absatz 2 legt fest, dass der Bund das Gesetzgebungsrecht für bestimmte Bereiche hat, wenn und soweit die Herstellung gleichwertiger Lebensverhältnisse im Bundesgebiet dies erforderlich macht.

Artikel 91a ermöglicht Gemeinschaftsaufgaben zur Verbesserung der Lebensverhältnisse, wenn »die Mitwirkung des Bundes zur Verbesserung der Lebensverhältnisse erforderlich ist«.

Artikel 106 Absatz 3 Ziffer 2 zu den Finanzen: »Die Deckungsbedürfnisse des Bundes und der Länder sind so aufeinander abzustimmen, dass ... die Einheitlichkeit der Lebensverhältnisse im Bundesgebiet gewahrt wird.« Und (Absatz 8): Veranlasst der Bund Gemeinden zum Handeln, gewährt er den erforderlichen Ausgleich, wenn und soweit den Ländern und Gemeinden nicht zugemutet werden kann, die Sonderbelastung zu tragen.

Die Bedeutung der Kommunen im Thema Gleichwertigkeit ist jedenfalls im Grundgesetz offenkundig und hervorgehoben.

Hier will ich aber einen Aspekt noch besonders hervorheben: die Bedeutung der Kommunen bei der Altenhilfesicherung. Auch, weil gerade in strukturschwachen Kommunen und Regionen überproportional viele ältere und alte Menschen leben.

Mit dem Start von Rot-Grün 1998 haben wir bald das Programm »Soziale Stadt« gestartet. Den finanzschwachen Kommunen, groß oder klein, sollte in begrenztem Umfang Hilfe für besondere soziale Bedarfe angeboten werden. 50 bis 100 Millionen (zunächst DM, dann Euro) jährlich waren dafür im Haushalt des Bundes vorgesehen. Das Projekt erlebte ein Auf und Ab, auch viel Gelungenes.

Deutlich wurde: Mit relativ geringer gezielter Förderung durch Bund oder Land kann kommunal viel angestoßen und bewegt werden, was zur »Sozialen Stadt« gehört.

Noch hilfreicher wäre ein Altenhilfestrukturgesetz, das für die Beauftragung und entsprechende finanzielle Ausstattung derjenigen Kommunen sorgt, die die Aufgabe nicht aus eigener Kraft finanzieren können. Der Bedarf wächst und gerade die finanzschwächeren Kommunen können da zu wenig tun, wo es im Sinne der Lebensqualität und Gleichwertigkeit älterer Menschen sinnvoll und nötig wäre.

In Corona-Zeiten kommt einem schnell der Gedanke, Kommunen sollten sich zum Beispiel dringend um alte Menschen in Ein-Personen-Haushalten kümmern und ihnen bei Bedarf an Hilfe diese auch anbieten können. Denn unter diesen Personen sind auch solche, die physisch und psychisch kaum in der Lage sind – auch in dann hoffentlich wieder Pandemie freien Zeiten –, sozialen Kontakt zu knüpfen oder zu halten. Und da sollte sich die zugehende Sozialarbeit kümmern können, nicht das Ordnungsamt, so wichtig und effektiv es auch ist. Und die Kommunen sollten nicht erst in ihre Kasse gucken müssen, ehe sie zur Hilfe schreiten. Die meisten alleinstehenden Alten brauchen diese Hilfe nicht, sie können für sich selbst sorgen und tun das auch oder haben andere Menschen, die ihnen helfen. Das zeigt sich gerade in Corona-Zeiten und das ist eine gute Erfahrung. Es geht um eine überschaubare Zahl mit drängendem Hilfebedarf. Aber auch das wären zu viele, es geht wirklich um jede / jeden Einzelnen. Und das immer, nicht nur in Zeiten der Pandemie.

Dabei ist diese Gruppe Menschen nur ein Beispiel. Informations-, Beratungs- und Unterstützungsbedarf gibt es auch für andere Lebenssituationen: Pflege, Heimaufenthalt, Demenz, Vorsorgefragen. Zu all diesen Situationen und Problemen gibt es (überall?) Aktivitäten unterschiedlicher Art. Dieses verbindlich absichern zu können, wäre ein sehr hilfreicher Beitrag zur Gleichwertigkeit der Lebensverhältnisse in allen Kommunen.

Zur Lösung. Lebensqualität in Vielfalt ist damit noch nicht gesichert. Aber wir brauchen sie. Sonst führt die Komplexität der Entwicklung zur Resignation, sodass letztlich niemand mehr ernsthaft für eine akzeptable Perspektive kämpft. Die Rede davon, dass alle irgendwie in Verantwortung sind, wird leicht zu einer Ausrede auch für alle, sodass im Ergebnis nichts Handfestes geschieht. Genau das ist zu oft schon

Praxis bei diesem Thema. Alle zeigen aufeinander. Die in Deutschland gelebte Parole in Sachen Demografie (und Demografie bleibt hier ein entscheidender Aspekt) heißt: »Wir wissen Bescheid und warten mal ab.« – Sie entwickelt sich zu einem historischen Versäumnis und zu einer Zumutung für zahlreiche Menschen. Auch zu einer Last für die Demokratie. Weil Gleichwertigkeit so viel mehr ist als Demografie.

Wir kennen die Fakten und wissen eine Menge über die Perspektiven und auch, dass es keine Garantie gibt für das Gelingen. Handeln kann misslingen, ja, aber es ist zunächst mal eine Chance. Man muss die richtigen Dinge im richtigen Augenblick tun. Wann der Augenblick ist? Das kann man sagen: eher dieses Jahr als nächstes Jahr. Die Aufgabe wird über die Zeit nicht leichter werden.

Vieles ist erhaltenswert und das sollte möglichst gesichert werden. Aber wirklichen Bestandsschutz gibt es nur für weniges. Respekt vor dem Historischen und Traditionellen ist angemessen, aber er darf uns nicht abhalten, die Realitäten unserer Zeit zu sehen und Gutes daraus zu machen.

Das Wichtigste sind die Menschen, die jetzt leben und die morgen leben oder in weiterer Zukunft hier in unserem Land. Und deren berechtigte Erwartung es ist und bleiben wird, natürliche Lebensbedingungen zu haben, wie wir Menschen und die übrige Natur sie brauchen. Aber auch Freiheit und Gerechtigkeit und Solidarität, die das Recht auf Bildung und auf Arbeit und auf gute Daseinsvorsorge sichern und die Chancen auf ein gutes Zusammenleben in Familie und Gesellschaft. Und das in allen Landesteilen. Es geht um Lebensqualität auf gutem Niveau in der bunten Vielfalt, in der wir angekommen sind und in der wir und die nach uns leben wollen.

Der Appell

Gleichwertigkeit der Lebensverhältnisse in allen Landesteilen ist ein selbstverständliches Ziel unserer Demokratie, die außer Staatsform auch Lebensform ist.

Gleichwertigkeit ist keine Norm, aber sie hat für jeden Menschen konkrete Lebensqualität zum Ziel. Das muss im Handeln des Staates deutlich sein, das muss das gesellschaftliche Leben bestimmen und dazu müssen jede und jeder nach besten Kräften persönlich beitragen.

Deutschland ist ein wohlhabendes Land mit viel Potenzial auch für die Zukunft. Die Konsequenzen der Corona-Pandemie werden dies nicht grundlegend verändern, wenngleich sie eine schwere Last sind.

Wenn wir unser Wissen und Können einsetzen, nicht leichtfertig sind und den Weg konsequent gehen, wird Wohlstand möglich bleiben, an dem alle in diesem Land, gleich wo sie wohnen, gleich ob Frau, Mann oder Kind, gleich wie alt, gerechten Anteil haben können.

Das zu wissen und zu sagen, reicht nicht. Lebensqualität in Vielfalt als Gleichwertigkeit der Lebensverhältnisse in allen Landesteilen ist nicht nur in Corona-Zeiten nicht voll gewährleistet. Sie war es vorher nicht und wird es auch nachher nicht sein. Diese Aufgabe gab es ohne mit und wird es geben mit ohne Pandemie.

Verschleppen war keine Entschuldigung und wird keine Entschuldigung werden.

Es ist Zeit fürs Handeln!

Drei ergänzende Seiten zum Thema Gleichwertigkeit der Lebensverhältnisse

Ich bin kein Illusionist, ich weiß, dass man den Anspruch auf »Gleichwertigkeit der Lebensverhältnisse überall« nicht mal eben auf alle Länder unserer Erde ausdehnen kann. Dazu sind die Unterschiede, ja Gefälle zu groß. Trotzdem sind mir diese beiden Seiten zur Demografie in internationaler Dimension aus zwei Gründen wichtig:

Erstens, sie unterstreichen die relative Stabilität und das gute Niveau der Lebensqualität in Vielfalt in unserem Land (und in vergleichbaren Ländern). Aber auch die Dringlichkeit, sich nicht durch Nationalismus und Ignoranz gefühllos machen zu lassen für die Probleme der Menschen in anderen Ländern.

Wir sind als Europa und Deutschland in Mitverantwortung für eine konstruktive internationale Politik, die auch auf Zusammenarbeit und mögliche Hilfe ausgerichtet ist. Das gilt auch für den Kampf gegen die Klimakatastrophe.

Zweitens: Hilfe und Besserung sind möglich. Auch weltweit. In den jüngsten Jahrzehnten hat sich viel getan, auch verbessert, gerade in armen Ländern, was Ernährung, Bildung, Arbeit, Gesundheitsschutz, demokratische, liberale und soziale Politiksysteme angeht. Wir dürfen das nicht gering schätzen. Es hilft vielen Menschen ganz konkret. Viele Staaten und NGO und Einzelpersonen haben dabei mitgewirkt. Aber große Herausforderungen bleiben. Dass aber andere Menschen, die Schwächsten oft, von diesen positiven Entwicklungen bis jetzt ausgeschlossen sind, mit fürchterlichen Konsequenzen, ist auch wahr.

Wir brauchen den Willen, den Ehrgeiz, dass es auch ihnen besser gehen soll. Das hat aber Bedingungen.

Die voraussichtliche demografische Entwicklung weltweit macht einen weiteren starken Bevölkerungszuwachs sehr wahrscheinlich, und dieser verstärkt die Herausforderungen, aber auch die Chancen.

Fakten: Stand ca. 1950: 2,5 Milliarden Menschen auf der Erde. Um das Jahr 2020: rund 7 Milliarden. Grob je 1 Milliarde in Europa, in Amerika, in Afrika, 4 Milliarden in Asien. Und das Jahr 2100: 11 Milliarden weltweit, je 1 Milliarde in Europa und Amerika, 4 Milliarden in Afrika und 5 Milliarden in Asien.

Der Wachstumskontinent Afrika wächst nicht so stark wegen extrem vieler Geburten, sondern wegen deutlich steigender Lebenserwartung. Der große Zuwachs entsteht in Afrika in der Kohorte von ca. 15 bis ca. 60 Jahre, im Erwerbsalter also. Das ist gewaltig, aber auch eine Chance für den Kontinent, wenn über Bildung und Qualifizierung möglichst viele Menschen produktive und konstruktive Beschäftigung finden. Bedarf an Aktivitäten und Produkten und Dienstleistungen gibt es bei dieser Bevölkerungsentwicklung zweifellos. Intensive Entwicklungszusammenarbeit bleibt hilfreich und nötig. Für Afrika und weltweit. Afrika kann im besten Fall rasch an Bevölkerung wachsen und an – begrenztem, aber zielführendem – Wohlstand auch.

Extreme Armut und Chancenlosigkeit müssen aber heute und auf lange Zeit immer noch für Millionen / Milliarden Menschen weltweit erwartet werden, für die der Lebensalltag eine einzige Katastrophe ist. Pandemie in Permanenz und total. Massive Hilfe bleibt unverzichtbar. Nicht weil wir hoffen könnten, weltweit die Gleichwertigkeit der Lebensverhältnisse bald auch nur annähernd erreichen zu können. Aber diese Menschen müssen merken können, dass sie unsere Solidarität haben und wir ihnen helfen wollen.

Den Kampf gegen Nationalismus und Egoismus müssen wir deshalb nicht nur unseretwegen führen, sondern auch ihretwegen. Alle ethischen Feinziselierungen in Bezug auf unsere eigene Gesellschaft bleiben eitle Blenderei, wenn wir unterdessen die Menschen außerhalb Deutschlands und Europas nicht im Rahmen des Möglichen in unser Handeln einbeziehen.

Dass diese »Humanitäterei« ja irgendwie nett ist, aber eine Duselei, die man sich als Realist nicht leisten darf – denn sie lenke unsere doch auch begrenzte Kraft, die wir für realistisches Tun hier und in der Nähe brauchen, ab und vergeude sie – höre ich.

Ich erkenne das Moment der Ehrlichkeit in dieser Abwehr, aber halte dagegen: Unser tatsächliches Unvermögen, allen zu helfen, der Menschheit eben, ist keine Entschuldigung dafür, einem Menschen oder zweien und so weiter nicht zu helfen. Es geht nicht darum, mit unseren begrenzten Kräften die Menschheit zu retten, sondern Menschen, möglichst viele einzelne. Ob während Pandemien oder danach.

Ein gutes Stück Leben

Wir leben in einer Zeit raschen und großen Wandels. Dieser Satz steht am Beginn fast jeden Themas, dem wir uns zuwenden. Er wundert uns nicht und er verspricht, neben anderem, jedem von uns die Chance auf ein längeres Leben. Länger als man bei unserer Geburt nach den Regeln der Wahrscheinlichkeit noch annehmen konnte. Viel hängt dabei davon ab, ob wir die Chance nutzen. Auch diese übliche Bedingung für die bestmögliche Gestaltung des Wandels ist uns geläufig. Wandel heißt keineswegs immer Fortschritt, und Fortschritt entwickelt sich nicht ohne Weiteres in gerader Linie mit konstantem Tempo. Kurz: Wir reden über eine komplizierte Wahrheit, eine große Chance mit vielen Unbekannten.

Trotz aller nachgeschobenen Fragezeichen: Es gibt Fortschritt im Leben, der unbestreitbar ist. Die Lebenserwartung für unsere Generationen steigt deutlich über das hinaus, was es in der Geschichte der Menschheit je gab. Das ist keine Prognose nassforscher Wahrsager, sondern Lebenswirklichkeit. Das ist schon seit einiger Zeit so und setzt sich offensichtlich fort und hat Auswirkungen. Es kommt gutes Leben obendrauf. Die wenigen Nörgler meinen, dass Quantität nicht gleich Qualität sei – so sind sie. Sollen sie nörgeln. Wir wissen es besser.

Auch dass kein anderer Fortschritt es mit diesem aufnehmen kann. Unsere einmalige Chance auf individuelles persönliches Leben auf diesem Planeten bekommt Verlängerung. Wer das Leben liebt, weiß das zu schätzen.

Die biblischen Erzählungen über Methusalem, der 969 Jahre alt wurde, sind wohl übertrieben. Aber in unseren Regionen und nicht so ferner Vergangenheit schafften es Goethe und Hesse, Kant und A. v. Humboldt, Thomas Mann und Max Planck und Albert Schweitzer und Konrad Adenauer und Helmut Schmidt und meine Mutter immerhin bis 80plus, teils deutlich mehr. Aber sie waren Ausnahmen. Heute sind in Deutschland mehr als 5,5 Millionen Menschen 80 Jahre und älter. Die meisten recht gesund und munter. Sogar so gut drauf, dass man sie autark nennen darf. Sie können selbst für sich sorgen und tun das auch. Um 2040 werden wohl 10 Millionen über 80 Jahre als sein in Deutschland, sagt uns die demografische Vorausschau.

Dass hier fast nur Männer als »80-Pluser« genannt sind, hängt damit zusammen, dass in den einschlägigen Lexika, die man zur Hilfe nimmt, die Gleichstellung der Geschlechter noch weit hinter unserem heutigen unzureichenden Standard lag. Wenn man die Kirchenbücher daraufhin prüft, finden sich ganz sicher auch viele Frauen in solchen Altersklassen. Und heute leben Frauen ohnehin durchschnittlich einige Jahre länger als die Männer.

Insgesamt war in unseren Breiten die durchschnittliche Lebenserwartung lange Zeit bei etwa der Hälfte der heutigen und darunter. Denn von Anfang des Lebens an war immer das baldige Sterben fast Normalität: bei Säuglingen, Kindern, bei Frauen im Kindbett, bei heute beherrschten Krankheiten und Unfallgefahren, bei Männern mit berufsbedingten Krankheiten wie der Staublunge. Im Krieg.

(Ich selbst hatte als Kind großes Glück, als meine Blinddarmentzündung eskalierte und ich an einem frühen Sonntagmorgen noch gerade rechtzeitig operiert werden konnte. Beim gleichaltrigen Sohn eines bekannten Arztes in unserem Städtchen endete zur selben Zeit das gleiche Problem tödlich. Heute realisieren wir kaum noch, dass Menschen einen Blinddarm haben.)

Wohlstand und Hygiene, Hochleistungsmedizin und der Friede, Prävention und Rehabilitation und neue Medikamente haben die deutliche Steigerung der Lebenserwartung möglich gemacht. In den jüngsten 50 bis 60 Jahren noch einmal nachdrücklich. Nicht überall auf der Welt im selben Tempo, aber überwiegend doch eindeutig. (Dass aus den USA in diesen Monaten Nachricht kommt von einer leicht sinkenden Lebenserwartung, vor allem bei Männern, wirkt skurril, weiß man aber wohl noch nicht näher einzuschätzen.)

Bei uns in Deutschland 90 Jahre Leben anzupeilen, braucht bei den jüngeren Jahrgängen keinen Übermut. Hundertjährige plus gibt es in Deutschland bald 20.000 und die Zahl steigt beständig. Wie weit die Kurve auch danach steigend bleibt, muss die Lebenswirklichkeit dann zeigen.

Die Corona-Pandemie macht uns gerade die Grenzen unseres Wissens und Könnens deutlich: Wir sind nicht allwissend und nicht allmächtig, das ist akzeptiert, aber wir dürfen doch hoffen, dass wir auch diese Menschheitsgeißel in nicht allzu ferner Zukunft in den Griff bekommen: Wenn wir ohne Hochmut und mit mehr Bereitschaft als bisher Risiken zur Kenntnis nehmen, ihnen bestmöglich vorbeugen, um sie konsequent zu vermeiden. Die WHO hat in den vergangenen Jahren offensichtlich wiederholt eindringlich vor den Pandemie-Gefahren in unserer global mobilen Welt gewarnt. Aber andere Dinge schienen uns Menschheit wichtiger. Dafür bezahlen wir jetzt alle mit Sorgen, viele mit materiellen Problemen, sehr viele mit Krankheit und Todesangst, mit massiven Einschränkungen unserer freiheitlichen Rechte, Hunderttausende weltweit mit ihrem Leben. Wir können daraus lernen. Und dürfen dabei nicht in Panik verfallen, sondern müssen mit Zuversicht und Mut das Nötige tun. Panik heißt: sinnlose Verwirrung. Und das wäre das Gegenteil von Vernunft.

Die steigende Lebenserwartung war – bei aller Alltagslast jener Zeit – auch Ergebnis der umfassenden Industrialisierung und von Forschung und medizinischer Kunst. Seit Mitte des 19. Jahrhunderts beschleunigte und verstetigte sich dieser Trend.

Damit veränderten sich auch Alters- und Bevölkerungsstrukturen, Lebensweisen von Familien und Generationen. Auch weil gleichzeitig die Mobilität exorbitant wuchs. Und auch diese Prozesse reichen bis in die heutige Zeit und sind nicht zu Ende.

(In dieser Corona-Zeit wagt man auch mal zu denken, ob die Mobilitätsmehrung und -beschleunigung partiell ausgebremst werden könnten, denn in vollem Umfang alternativlos sind sie ja – zumal mit neuen Techniken – offensichtlich nicht. Aber noch ist das Spekulation.)

In der Generation unserer Eltern waren die Kindheit und die Vorbereitung aufs Leben im Alter von 14 Jahren für die allermeisten zu Ende, und nicht wenige Kinder waren auch bis dahin schon mit regelmäßigen und schweren Aufgaben betraut. Kinderarbeit, in Wahrheit minimal oder unbezahlte Kinderarbeit, war nicht selten. Nicht nur auf dem Acker zum Ernten, auch bis in die Industriebetriebe hinein. Die Privilegierten schickten ihre Kinder derweil auf die Universitäten oder in die Kirchen und Klöster. Alle waren auch als Kinder schon kleine Erwachsene.

Die Jugend jedenfalls gab es eigentlich nicht im heutigen Verständnis. Und wer es als Versicherter bei diesen Voraussetzungen mit der ersten Rentenregelung von 1889 in Deutschland bis zum Alter 70 in Arbeit schaffte – denn 70 war das Renteneintrittsalter –, der musste schon fester Gesundheit sein.

Das Leben in solchen Zeiten war immer sehr und oft sogar mehr eine Frage des Überlebens als des zielbewussten Älter- und Altwerdens, wie wir es heute erleben. »Es ist nicht egal, wie wir älter werden«, heißt heute ein wichtiger Merksatz, und der ist plausibel. Damals passte besser: »Es ist den Versuch wert, zu versuchen, alt zu werden.« Oder so ähnlich. Nur eine Minderheit schaffte es.

Deshalb hieß das Gesetz konsequenterweise Invaliditäts- und Alterssicherungsgesetz. Erst ab 70 gab es Altersrente. Das waren nicht viele, und Hinterbliebenenrente für Frauen und Kinder gab es zunächst keine.

Erst nach dem Zweiten Weltkrieg bauten sich in Deutschland neue stabile Wohlfahrts- und Sozialstrukturen auf und in der BRD kam es 1957 mit der Rentengesetzgebung zum ersten großen Schritt auf dem Gebiet der Sozialstaatsreformen. Die Sozialdemokratie half Adenauers Regierung bei diesem zentralen Vorhaben. Die Renten folgen nun der wirtschaftlichen Entwicklung, sie werden an sie angepasst. Wenn die Löhne steigen und damit die Beiträge, steigen im Folgejahr die Renten. Wie auch 2020. Sinken in einem Jahr die Löhne, sinken im Nachfolgejahr nicht die Renten. Aber sie steigen in den dann folgenden Jahren nur gebremst (Nachfolgefaktor). Dieses Wort werden bald nicht nur die Experten kennen und wieder erklären müssen.

Bis vor rund 20 Jahren lag das Renteneintrittsalter gesetzlich im Normalfall bei 65 Jahren für Männer, für Frauen einige Jahre darunter. Gegen den Trend der steigenden Lebenserwartung sank das faktische Renteneintrittsalter in der Bundesrepublik aber deutlich unter 60 Jahre. Eine verständliche Reaktion auf die besonderen Lasten, die diese Generation im Krieg und in der katastrophalen Situation der unmittelbaren Nachkriegszeit mit der strapaziösen Maloche im Wiederaufbau zu bestehen hatte. Zum Beispiel im Bergbau, der so wichtig war für die Chance des Aufbaus, aber auch so dramatisch gesundheitsbelastend für die Männer, die einfuhren. Bedingungen, gegen die wir heute aufgebracht protestieren würden. Das war ein besonders harter, aber nicht der einzige harte Beruf jener Zeit. Daraus entwickelte sich partiell auch das Gefühl eines Rechts auf Frühverrentung. Und das wiederum kam dem Interesse der Unternehmen entgegen, erschöpfte ältere Arbeitnehmer durch frische junge zu ersetzen, die zudem geringere Lohnansprüche als die älteren tariflich abgesichert hatten. Und da es zunächst noch genügend Nachwuchsarbeitskräfte gab und dann zu ebenfalls günstigen Bedingungen »Gastarbeiter« gerne in die Bundesrepublik kamen, war die Frühverrentungspraxis situativ verständlich, aber nicht dauerhaft akzeptabel, wenn die Rentenformel halten sollte.

Gestoppt und umgekehrt wurde der Trend erst wirklich in der Rot-Grünen-Koalition 1998 unter den in der Sache deutlich veränderten Bedingungen, und dann in der Koalition Union-SPD 2006. Inzwischen ist ein faktisches Renteneintrittsalter von 62 bis 63 Jahren erreicht, was einen realen Anstieg um mehrere Jahre bedeutet. Gesetzlich fixiert wurde, dass bis 2031 in Jahresschritten ein allgemein gültiges Renteneintrittsalter von 67 Jahren erreicht wird. Diese Entscheidung war umstritten und wird immer nochmal wieder infrage gestellt. Aber sie war berechtigt und richtig. Denn in den Jahren seit 1965 hat sich auch noch ein anderer Wandel beschleunigt und wurde wirksam, der für die Funktion der Alters- und Rentenversicherung von großer Bedeutung ist.

Die Zahl der Geburten sank deutlich. Von rund 1,4 Millionen 1964 (in Deutschland West und Ost zusammen) auf rund 800.000 im Jahr 1970. Die demografische Wirkung ist im Kapitel »Lebensqualität in Vielfalt« beschrieben.

Es wurden seitdem nicht nur jährlich deutlich weniger Kinder geboren als 1964, die Kinder sind auch länger als bis zum Alter von 14 Jahren in der Schule, plus Berufsausbildung. Immer mehr machen ihr Abitur und nutzen die Hochschulreife und studieren. Das Eintrittsalter in den Beruf hat 20 Jahre längst überschritten. Von 15 bis durchschnittlich 60 waren es 45 Arbeitsjahre gewesen. Wenn man sich auf das Soll 65 bezieht, sogar 50 Jahre. Von 22 bis 67 werden es nicht mehr, sondern in der Regel weniger Jahre als bisher.

Und wer in unserer und der kommenden Zeit mit 20 oder darunter schon im Beruf ist und mit 65 Jahren mindestens 45 Jahre versicherte Erwerbstätigkeit hat, hat nach wie vor mit diesen 65 Jahren Rentenanspruch ohne Abschlag. Weshalb weiß das fast niemand? Weil es fast niemand erwähnt, auch nicht die, die es wissen müssen. Bei dieser Rechnung ist noch nicht die über die Jahrzehnte um 18 bis 20 Prozent verkürzte Wochenarbeitszeit berücksichtigt. 1954 lag die Wochenarbeitszeit in meinem metallverarbeitenden Lehrbetrieb bei 48 Stunden die Woche. Jeden Samstag bis 14.00 Uhr. Wochenarbeitszeit heute 37 bis 38 Stunden.

Kurz: Wir arbeiten im Beruf nicht mehr und nicht länger als unsere Elterngeneration, sondern um einiges weniger. Was gut ist! Dass man komplexere Berufe und Arbeitsbedingungen heute im Vergleich zu vielen Realitäten in der Arbeitswelt von gestern und vorgestern sehen und beurteilen muss, das stimmt. Mindestens physisch war das aber (auch) früher kein Zuckerschlecken. Sagen wir es so: Beruf und Arbeit waren, sind und bleiben anstrengend, fordernd, strapaziös. Und wenn zukünftig mehr nicht berufsgebundene Lebenszeit verbliebe, wäre das ein Fortschritt. Verkürzte Wochenarbeitszeit bei vollem Lohnausgleich bleibt eine wichtige Formel für die Beteiligung der Arbeitnehmerinnen am technischen Fortschritt in der Zeit umfassender Digitalisierung.

Dass bei alldem die Zeit des Rentenempfangs sich im Laufe der Jahrzehnte etwa verdoppelt hat, ist dabei versicherungsstrukturell keine Kleinigkeit. Von 1960 bis 2017 stieg der Rentenempfang bei Männern von 9,6 auf 17,9 Jahre im Schnitt, bei Frauen von 10,6 auf 21,8 Jahre. Es bleibt dabei: Die Richtung stimmt, aber wir müssen realistisch bleiben, auch im Interesse der nachkommenden Generationen. Dass die beiden beim Rauswurf aus dem Paradies mit auf den Weg bekamen, ihr Brot im Schweiße ihres Angesichts essen zu sollen, sagt ja nichts über die Dauer der Arbeitszeit. Generell allerdings bleibt uns die Schweißauflage für Gläubige und Ungläubige dauerhaft erhalten, darf man wohl mutmaßen.

Auch weil das bedingungslose Grundeinkommen ein Irrtum ist, der das Recht auf Arbeit nicht ersetzen kann. Vergesst das »Wundermittel«!

Geld ist nicht alles, aber soziale Sicherheit ist von erheblicher Bedeutung, wenn wir auf das Alter als ein gutes Stück Leben blicken. Wie kann sich angesichts all des Wandels, der oben beschrieben ist, trotzdem eine sichere und ausreichende Alterssicherung ergeben? Erstens ist eine realistische, ehrliche Sicht der Dinge unverzichtbar. Wer die Herausforderung kleinredet, der lügt. Wer sie für faktisch verloren erklärt, der ist zu feige, um zu kämpfen. Wer sie mit Panik aufpumpt nach dem Motto »Rette sich wer kann«, der entzieht sich der Verpflichtung sozialstaatlichen Handelns und torpediert solidarisches Tun und dessen Chancen.

Bei allen Herausforderungen, die sich aus dieser Thematik ergeben, ist natürlich die Frage nach der allgemeinen Wohlstandsfähigkeit unseres Landes von größter Bedeutung. Denn bevor die Verteilung gerecht gestaltet wird, kommt es darauf an, dass und wie viel denn zu verteilen ist. Und auch diesbezüglich ist die Pandemie eine erhebliche Bedrohung.

Ihre Auswirkungen auf Arbeit und Gewinne und Löhne und Steuern, auf wirtschaftliche Prosperität überhaupt, sind massiv, das ist schon erkennbar. Die Wirkungstiefe und -dauer liegen bis auf Weiteres im Ungefähren. Es hängt zusammen mit grundlegenden Fragen nach der Wirkung aller Sofortmaßnahmen und nach der verordneten wie der freiwilligen Vorsicht und letztlich der Beherrschung des Virus' durch Medikamente und Impfung, wenn sie möglich und soweit sie gewünscht wird.

Für die meisten Älteren ist die solide und ausreichende Alterssicherung vor allem abhängig von sicherer und hinreichender Rente. Die Koalition im Bund arbeitete an diesem Thema auch schon vor Corona. Das Ergebnis ihrer Kommission passt zur gegenwärtigen Gesamtlage: Man weiß noch nicht so genau, wie die Fakten sich gestalten. Deshalb gibt es scheinbar oder doch anscheinend zunächst auch nur die Selbstverpflichtung zur Berufung eines Gremiums zur Erarbeitung eines Verfahrens für die Entscheidungsfindung. Das hat was.

Wir haben eindeutige gesetzliche Vorgaben bis 2025. Aber das reicht nicht für einen zuversichtlichen Blick über die nächsten 10 bis 15 Jahre hinaus. Den zu finden, dürfte 2021/2022 höchste Eisenbahn, im Herbst 2021 aber von besonderem Interesse sein.

Ein gutes Stück Leben kann der Zugewinn an Lebenszeit mit Lebensqualität für die Allermeisten sein. Das ist schon heute so und viele von uns blicken mit einigem Erstaunen auf die Entwicklung der individuellen Lebenserwartung. Wir messen unser Alter an den Großeltern und Eltern und freuen uns über den Zuschlag an guter persönlicher Lebenszeit, den wir überall sehen und selbst erleben. Ein wenig Selbstgerechtigkeit und Eitelkeit mag im Spiel sein, wenn wir uns wundern, wie gerade und schnell wir noch gehen und wie interessiert am Leben wir noch sind und wie mobil und wie zukunftsgewandt. Die meisten von uns jedenfalls ... Doch, es ist schon erstaunlich: Von den Schulkameradinnen und -kameraden, Jahrgang 1939/40, sind viele auf den Beinen und bei Sinnen und lebensfroh. Und die 90-Jährigen aus 1929/30 klopfen einem locker auf die Schulter: Mach weiter, 90 geht gut.

Wir sehen interessiert das Neue, das sich mit diesen Entwicklungen verbindet:

Die veränderten Strukturen in den Familienverbänden, die uns auch selbst betreffen. Dass die 70-Jährigen den 90-Jährigen so nahe sind wie die 10-Jährigen den 30-Jährigen. Wir verstehen: Der Begriff »alt« auf Menschen bezogen ist recht vieldeutig, missverständlich, aber auch ehrlich und selbstbewusst. Alt ist alt, man soll der Deutung nicht zu viel beimessen. Aber auch alte Menschen sind Unikate und lebendig und, und. Menschen ändern sich, verändern sich: Ob wir es selbst immer merken? Optisch ist das zwischen 10 und 30 noch offensichtlicher als zwischen 60 und 80, aber unverändert bleibt niemand, egal wie alt. Stillstand gibt es auch hier nicht. Nicht wirklich optisch, aber auch nicht bei dem, was dem Leben Sinn gibt und was Lust macht auf mehr davon. Mit dem Zuwachs von Wissen und Erfahrungen verändern sich Einsichten, Positionen. Alte sind keine Betonklötze und Unbelehrbare, sie sind keineswegs immer starr, aber manchmal sehr wohl leichtsinnig. Sie sind Unikate, wie die Jungen auch. Eltern lernen relativ schnell, jedenfalls an ihren eigenen Kindern, dass Kinder keine »bestimmte Sorte« sind, sondern ganz und gar sie selbst. Jedes! Das ist gut zu wissen und zu akzeptieren. Und das bleibt lebenslang so. In der Schule, an der Uni, am Arbeitsplatz, in der Partnerschaft, in der Fußballmannschaft, im Heim, im Verein, in der Partei, unabhängig von Geburtstagen ... auch im Alter. Altern ist eben real, aber auch recht bunt und vielfältig. Es gibt nicht das richtige Altern und das falsche Altern. Jeder Mensch hat da seine Art. Aber interessieren sollte es uns schon.

Das Alter ist nicht das Altern – das Alter ist eine Kategorie der Zeit, nicht der Form und des Inhalts. Alter sagt fast nichts, außer am Geburtstag, aber der ist ja nur einmal im Jahr.

Gibt es die Weisheit des Alters? Auch so eine Floskel. Es scheint, sie ist ein wenig aus der Mode. Nur noch wenige Alte behaupten von sich, weise zu sein. (Einige Jüngere allerdings auch.) Die große »Kohorte« der älteren und alten und hochaltrigen Menschen weiß und gibt es auch gerne zu, dass man nicht sonderlich weise ist, sondern eher manchmal sonderlich. Und man schmunzelt dazu.

Aber viele wollen mit 65 doch noch nicht »alt sein«, weisen es weit von sich, Seniorin oder Senior genannt zu werden. Auch mit 70. Auch mit 75. Mit 80 weicht sich das offensichtlich auf, dann beginnt Altsein ein Ehrentitel zu werden. Sie ertragen es, ja goutieren es, wenn ihre Enkelkinder sie Oma oder Opa nennen, die so »alt sind wie die Welt«. Man bekommt eine neue Rolle im Leben und in der Gesellschaft. Was einen verändert. »Mehr Zeit für die Enkel als damals jemals für die eigenen Kinder« – ein oft gehörter Spruch.

Ich bin alt. Am besten verkündet man es selbst und freut sich daran. Denn Altsein kann lange dauern, wenn man es erst einmal ist. Dann hat das alberne Getue ein Ende. Warum auch nicht alt? Dafür bin ich doch älter geworden. Jeden Tag.

Es ist aber gut, wenn sich ältere Menschen ihren Status nicht von anderen definieren oder bestimmen lassen. Es ist noch besser, alten Menschen nicht vorschreiben zu wollen, wie sie sich fühlen müssen angesichts ihres Alters. Man selbst zu sein, das ist im Alter keineswegs leichter als in den 70 oder wieviel Jahren zuvor. Aber auch nicht schwerer, wenn man es will. Seien wir ehrlich. Was hatten wir mit 17 oder 18 für Probleme und welche nun mit 70 oder 80? Also, geht doch.

Bis zum Eintritt ins Rentenalter hat sich bei uns eine Menge Erfahrung, Wissen und Können angesammelt. Das eine oder andere hat sich inzwischen auch wieder verloren, kann schon sein. Aber auch dafür, dass wir nicht mehr so schnell sind, wissen wir doch die Lösung: Wir kennen die Abkürzungen.

Am weitesten kommt man mit Realismus und Ehrlichkeit, vor sich und vor anderen. Ja, Kraft und Ausdauer und Geschwindigkeit werden weniger, am schwersten wiegt, dass die Koordination nicht mehr so gut ist. Also fragen wir uns, wie und wo man das Potenzial, das geblieben ist, sinnvoll einsetzen kann. Sinnvoll heißt dabei auch: so, dass es mir selbst Spaß macht. Dass »ich was davon habe«. Das gilt für alle Berufe und Lebensbereiche. Dass mehr Menschen als je zuvor einfach noch ein Stück weitermachen im bisherigen Beruf oder an anderer Stelle, ist ein gutes Zeichen, auch eine klare Antwort an den markierten Renteneintrittsalter-Tag. Als Selbstständige, Teilzeitbeschäftigte, Sonderbeauftragte, Beraterin, Lehrende, zivilgesellschaftlich Engagierte bleiben sie aktiv. Die Übergänge zwischen Berufsarbeit und Ehrenamt sind dabei fast fließend. Ein interessantes, forderndes Stück Leben, auch das.

Das gilt auch politisch, ohne oder mit Amt und Funktion. Das Alter ist kein verlässlicher Maßstab dafür, was jemand politisch leisten kann. Politisches Wissen und Durchblick und Initiative und Geschick gibt es von sehr jung bis recht alt, auch in einer demokratischen Partei, im breiten Feld der Kommunalpolitik und weshalb nicht auch in der Landes- und Bundes- und Europapolitik. Und das gilt auch für zivile Organisationen mit gesellschaftspolitischem Wirkungskreis.

Unser Land und unsere Demokratie stehen vor einigen schwierigen Aufgaben. Die Demokratie ist weltweit auf dem Prüfstand. Die aktive Beteiligung erfahrener Seniorinnen und Senioren wird gebraucht. Und die / wir dürfen nicht beleidigt sein, wenn wir mal nicht gefragt werden oder ein Ignorant uns »alte Säcke« nennt. Mensch Leute, es geht um viel, vielleicht um Kopf und Kragen. Lassen wir uns nicht beeindrucken, nicht kleinmütig und nicht resigniert sein. Wir machen mit und mischen uns ein. Und: Es erzählen ja auch manche Ältere und Alte wirklich dummes Zeug über Junge. Alter ist eben nicht Vorteil oder Nachteil an sich, was die Vernunft und das Können angeht. Wir engagierten Alten und Jungen, mit denen dazwischen, die die große und dominierende Kohorte sind, wir sind eine gute Mischung mit großer Kraft. Die alte Wahrheit gilt: Demokratie braucht Demokratinnen und Demokraten. Und sie setzen sich nie »zur Ruhe«. Das ist eine wichtige Voraussetzung fürs Gelingen unserer Republik. Wir haben Verantwortung. Und wir sind eine große Zahl.

Alt sein ist keine Krankheit. Manche reden aber so oder verhalten sich so und glauben so etwas. Auch mein Hinweis oben auf die ballistische Kurve des Lebens trägt diese Gefahr in sich, nämlich die Botschaft: Alles wird im Alter schwächer, schlechter. Das ist aber nicht so, ist von mir auch nicht so gemeint und soll hier noch einmal ausdrücklich gesagt sein. Dass man mit 50 nicht mehr Sprintweltmeister sein wird, ist kein Zeichen von Krankheit. Dass man mit 80 vielen Menschen und Namen begegnet ist und nicht alle immer zum sofortigen Abruf gespeichert hat, ist keine Krankheit. Niemand hält ja auch die unzureichenden Fähigkeiten von Babys und Kindern für Krankheiten. Immer geht es um Stärken und Schwächen unseres Körpers i. E. (in Entwicklung), seine Einmaligkeit jetzt. Er verändert sich und vergeht, anderen ähnlich, bleibt aber doch das Unikat, das jede und jeder ist.

Und es gibt vielerlei wissenschaftliche Beweise dafür, dass im Kopf, in unserem sensationellen Organ Gehirn sich im Älterwerden nicht nur Defizite ergeben und verbreiten, sondern auch bisher nicht vorhandene Vernetzungen und Schaltstellen entstehen können. Können, nicht werden oder gar müssen. Aber immerhin. Das Gehirn, wenn der Mensch es nicht aufgibt, gibt sich auch nicht selbst auf, sondern sucht nötigenfalls über neue und Umwege seiner Aufgabe gerecht zu werden, nämlich aufnehmen, ein- und zuordnen, abwägen und beurteilen zu können, um was immer es geht. Es baut sich selbst Umleitungen.

Leichtfertiger Optimismus oder gar Gewissheit wären falsch. Es gibt nirgendwo einen Knopf, auf den man mit Aussicht auf Erfolg drücken kann. Es geht um die schlichte Wahrheit, dass die ballistische Kurve in unterschiedlicher Weise abknicken kann und dass es sich lohnt, Chancen zu suchen und zu nutzen. Es gibt keine geheimen Supertricks, eher finden sich die Ansätze für Erfolg bei so simplen Überschriften wie »Aktiv und gesund älter werden«. Dazu anderswo mehr. Praktische Zuversicht ist auch hier die beste Aussicht auf Erfolg.

Unsere Unsicherheit in Bezug auf die Phänomene des Älterwerdens und Altseins zeigen sich auch in unserem Sprachgebrauch. Lauter Individuen. Echte Unikate. Und sie wollen nicht kategorisiert werden – älter, alt, hochaltrig ... In Wahrheit ein zweitrangiges Problemchen. Aber manchmal kann es auch Ärger machen. Wenn es aufgeblasen wird, wie bei einigen Corona-Sprüchen zum Beispiel.

Da war manches schnell gestreut und der Rationalität entzogen, dem zivilisierten Mitgefühl auch und der Solidarität ohnehin: Die Jungen sind nicht betroffen. Die Alten, die ohnehin bald sterben – viele mit Vorerkrankungen –, sind die Risikogruppe. Früher wurden die Verseuchten ausgesperrt zum Sterben, um die Nichtinfizierten zu schützen. Heute werden die Infizierungsgefährdeten abgeschirmt, um sie vor Infektion zu bewahren – ein Fortschritt gesellschaftlicher Verantwortung. Mit welcher volkswirtschaftlichen Wirkung? Schwierige und pauschale Formulierungen, und man fragt sich beim Schreiben, ob man diesen Aspekt aus Corona-Zeit nicht lieber ruhen lassen und dem Vergessen überlassen soll. Zumal alle diese Kategorisierungen und Lebenswertigkeit-Hitlisten in der Gesellschaft deutlich keine Mehrheit fanden. Die Vernunft, das Bemühen um Differenzierung, die Bereitschaft zum Helfen und die Wertigkeit des einzelnen Lebens waren deutlich bestimmend. Ja, deutlich. Dazu passte die zahlreiche und auch öffentliche Anteilnahme an außerordentlichen Geschehnissen wie den rassistischen Morden an US-Amerikanern. Wir haben uns nicht in unseren eigenen Sorgen vergraben. Nehmen Anteil. Engagieren uns. Gut so.

Aber ich will die Kerbe zwischen ICH und DIE doch noch erkennbarer machen, denn sie ist mir wichtig: Erstens ist es klar, dass jeder Mensch einmalig ist und einzigartig, absolut Individuum. 100 Prozent Individualität, auch wenn es welche gibt, die ihre Individualität gerne kollektivistisch gestalten. Es gibt in Wahrheit kein Entrinnen aus dem Ich-Sein. Und damit nicht aus der Gleichwertigkeit. Zweitens: Die Kategorisierung ist als Hilfsinstrument unvermeidlich, mag sie noch so relativ sein. Wie sollte man denn sonst 7,5 Milliarden Menschen erklären, wenn es keine Menschheit gäbe? Und wie gut 80 Millionen Menschen in Deutschland, wenn es nicht die Kategorie Deutsche gäbe? Was wäre mit Geschlecht, Religion, Hautfarbe, sexueller Identität, Alter, Sprache? Auch Parteizugehörigkeit, Führerscheinbesitz, Radfahrer, Linkshänder und, und?

Und die Kategorie – mag sie Nation heißen oder Familie oder Stadt oder jung oder alt oder Gruppe – bedeutet immer auch mehr oder weniger weitgehende Gemeinsamkeiten, Eigenschaften, Interessen. Und jede / jeder von uns gehört mehreren solcher Kategorien an und ist vernetzt. Manche weniger, manche vielfach. Keine solche Vernetzung neutralisiert oder reduziert aber den Ich-Wert. Damit müssen wir unseren Frieden machen, und so müssen wir Älteren vernünftigerweise auch mit der Tatsache umgehen, dass die Zahl der Alten in unserem Land weiter kräftig zunimmt und dass dieser Fakt unsere Gesellschaft verändert. Dass wir Teil dieser Kategorie / Gruppe / Kohorte ALTE sind und mitverantwortlich für deren Verhältnis zur Gesamtgesellschaft und zu ihrer Rolle in dieser Gesellschaft. Und dabei sind wir, jede / jeder, doch unabänderlich und zuallererst Individuen.

Weil das alles so ist – meine ich –, sollten wir unser Alter an dem Datum im Personalausweis messen, nicht »wie man sich fühlt«. Weshalb sollte man denn zögern, sich alt zu nennen oder nennen zu lassen, wenn man alt ist? Man hat es doch gewollt. Dieses Prinzip von Selbstbestimmung und Mitverantwortung, von Individualität und Kollektiv ist uns ja auch nicht unbekannt. Überall im Leben begegnen wir ihm.

Die »Grauen Panther« sind uns in Erinnerung als der Versuch, eine Partei des Altersgruppen-Egoismus zu organisieren, die ihrem Selbstverständnis nach keine Volkspartei sein konnte und wohl auch nicht wollte. Die nicht die Grundwerte sozialdemokratischer, christdemokratischer, christlich-sozialer, liberaler, »Grüner« und »Linker« Politik als Vergleich und in Konkurrenz sah, sondern eine Altersgruppenpriorität und -sicht zum Wesenszug ihrer Politik machen wollte. Das Experiment scheiterte.

Und auch die, die jetzt 2020 ff. die demokratischen Grundwerte der Volksparteien durch den Grundwert Nation ersetzen wollen, werden scheitern, wenn wir (!) den Grundwert der Individualität, also den der Gleichwertigkeit aller

Menschen nicht infrage stellen lassen. Nicht nur als Parteien nicht, sondern vor allem als Individuen nicht. In unseren Volksparteien organisieren sich auch die Alten und bringen die seniorenspezifischen Ansichten und Interessen unmissverständlich ein, aus eigenen Betroffenheiten, aber immer auch in Mitverantwortung fürs Ganze. Wir kommen zu Wort und zur Mitgestaltung.

Im Übrigen: Unser gern zitiertes Grundgesetz gilt nicht nur bis 65, sondern lebenslang. Und solange unser Kopf klar ist, sind wir alle mitverantwortlich fürs Gelingen unserer Demokratie und unserer Gesellschaft, jeder und jede auf eigene Weise. Ob das allen oder jedem passt, ist egal. Es ist so. Niemand wird zum Handeln gezwungen. Aber nur weil er keine Lust darauf hat, ist er seine Mitverantwortung nicht los. Nichthandeln bewirkt auch etwas – alte Wahrheit. Auch fürs Nichthandeln ist man mitverantwortlich. Egal wie alt.

Diese Mischung aus Freiheit und Gerechtigkeit und Solidarität als politische Grundwerte, die unser Zusammenleben bestimmen, war nach Nationalsozialismus und Krieg ein Riesengeschenk an uns Deutsche, seit 1990 für ganz Deutschland. Auch an Großartiges kann man sich gewöhnen. Das ist in Ordnung, aber ab und an sollten wir uns doch erinnern, wie das war und was daraus wurde. Wir in der Kriegszeit Geborenen oder knapp davor oder bald danach in einem dann geteilten Land in Trümmern und Tränen, wir haben noch Erinnerungen an das, was Krieg und Bomben, Hunger und Not, Vertreibung und Fremdsein bedeuten. Auch Erinnerungen an die staunende Freude, als bald nach 1945/46 eine neue Chance für ein gemeinsames, starkes, demokratisches Europa sich auftat, und das prägte uns. Weshalb, verdammt, denn dieser irre Krieg, wenn alle Freunde sein konnten und wollten? Gute Gründe alles miteinander, sich zu engagieren. Und auf der Hut zu bleiben. Denn »nichts ist sicher«, sagte uns die Generation vor uns. Und wie labil die große Sicherheit ist, das lernen wir gerade mal wieder neu unter dem Stichwort Corona. Es ist nicht egal, wie wir älter werden. Es ist nicht egal, wie unsere Demokratie sich entwickelt. Aber wir werden älter und unsere Demokratie auch. Und nichts bleibt, wie es war und wie es jetzt ist. Es gibt diese jungen Generationen, auf die wir uns für uns und unsere Demokratie verlassen können. Aber verlassen heißt eben nicht: Macht mal, wir sehen euch mit Sympathie zu und loben euch. Wir müssen auf die zahlreichen Jungen zugehen und ihren berechtigten Anspruch auf die Verhinderung einer Klimakatastrophe voll ernstnehmen und zu Konsequenzen führen. Zum Beispiel.

Unsere Meinung hat Gewicht. Und klar: Unsere Wahlstimme auch. Wir wählen, wie es weitergehen soll in Deutschland und Europa. In Verantwortung fürs Ganze und auch für die Zeit nach uns. Wir bringen uns ein! Und wir sind viele.

Neben all dem, was wir an Erfahrung und Wissen und verbliebenem Können mitnehmen ins Altwerden, zeichnet uns eines aus, das wirklich Gold wert sein kann: Wir sind die Zeitreichen! Zeitreichtum ist Kapital. Die Chance nämlich, die Zeit für uns zu nutzen, sie anderen zu widmen oder selbst geschenkte Zeit anderer anzunehmen. Wenn man alleine ist, hat man Zeit für sich. Dann ist es gut, wenn man das Alleinsein bei Bedarf unterbrechen kann, um Einsamkeit zu vermeiden. Denn diese luftleere Blase kann entstehen in unserer persönlichen vielen Zeit. Wir sollten ihr keinen Platz einräumen.

Ja, man kann auch in jungen Jahren und man kann auch in Gesellschaft einsam sein, das ist wahr. Aber bleiben wir mal bei uns noch jüngeren Älteren, Älteren, Alten, Hochaltrigen, Ganzalten. Als zeitreicher Mensch kann man die Zeit für sich nutzen. Das ist das gute Recht jedes einzelnen Menschen. Wir haben ja wirklich mehr Zeit für uns ganz persönlich, mehr als jemals zuvor in anderen Lebensphasen. Also, eine Stunde länger schlafen oder ruhen ist keine Zeitvergeudung. Eine Stunde Badezimmer und Frühgymnastik auch nicht. Eine Stunde Frühstück, richtig mit Unterhaltung oder, wenn man alleine ist, mit sperriger Papierzeitung, markieren und herausreißen, knüllen oder auf den Stapel legen. Was kann an so einem Tag denn überhaupt schiefgehen? Und Begegnungen, regelmäßig direkt am Treffpunkt oder per Medien, mit Bekannten und Bisher-weniger-Bekannten, Älteren und Jüngeren. Und es ergibt sich der gar nicht so seltene Fall, dass die konstruierten Begegnungen in Gruppen, Vereinen, Initiativen, Parteien Gewinne für alle Beteiligten werden. Das kann richtig Spaß machen. Es gibt schon tolle Menschen. Und noch kennt man nicht alle diese tollen Menschen. Manche neigen heutzutage dazu, das Thema in die Kategorie »soziale Kontakte« zu verweisen. Arglos und sogar gut gemeint. Wie das mit Quasi-Wissenschaftlichkeit manchmal so ist. Aber »soziale Kontakte machen« riecht nach Bürokratie und Langeweile.

Natürlich sind das Kontakte und sogar soziale. Aber das Angestrebte darin ist übrig. Denn das Miteinander-Reden und -Essen und -Gehen und -Tun und -Sein sind keine Kategorien der Sozialwissenschaften. Es geht vielmehr ums pure Leben. Individuen mit Individuen. Menschen mit Menschen.

Die gewisse Hochnäsigkeit, mit der über Stammtische und Erzählcafés und Kaffeeschnack und Senioren-Sportgruppen und Vereine und Kirchengemeindeabende und politische Ortsvereine gelästert wird, ist schade und arrogant und ahnungslos. Miteinander reden, ob ohne oder mit Tagesordnung und Protokoll, ist wirklich gut. Auch ohne den permanenten flächigen, flachen Kontakt zu allen und der ganzen Welt. Beieinander sitzen oder nebeneinander gehen, essen und trinken und sich zuhören und ansehen, das bleibt eine Kultur, die wir nicht aufgeben sollten. Denn das ist ein gutes

Stück Leben. Eine Erbschaft, die wir Alten ohne Steuer weiterreichen können. Wir wissen es aus eigener Erfahrung.

In der Corona-Krise hörte man bald von vielerlei Überlegungen und Bemühungen, die Quarantänesituation erträglich zu machen, persönliche Begegnung sei dafür nicht zwingend. Die nötigen Medien gibt es ja vom traditionellen Telefon bis hin zur superperfekten Schalte mit Blickkontakt. Was sich oft als schlimmer Irrtum in der konkreten Situation erwies. Aber auf Chancen verweist, die sich nicht nur für Beruf und Bürorunden und Fachgespräche und kleine Konferenzen anbieten, sondern auch für intensivere Nähe zu Verwandten, Freunden und Bekannten. Daran muss nun gearbeitet werden. Aber das Beisammensein in Person sollten wir nicht zu schnell zu gründlich als Marotte vormoderner Vergangenheit ablegen, das rate ich doch. Auch weil wir Lebenserfahrenen wissen: Jeder Fortschritt hat auch seine Ambivalenzen. Unsere neuen Informations- und Kommunikationstechniken sind nützliche Formen und Instrumente im Miteinander. Aber wo sie zur Hauptsache werden, da sind sie nicht besser als der überdimensionierte Straußenkreuzer damals mit 20 Litern auf 100 Kilometer. Oder waren es 30 Liter? Benzin war ja noch spottbillig. Ein Spaß am Extremen, aber in der Regel viel überflüssiges, teures Gehabe, um vor sich und anderen Eindruck zu schinden. Ich weiß, das klingt eher neidisch, aber es ist ehrlich gemeint und – ziemlich sicher – richtig. Menschen mit Menschen unmittelbar und direkt, das ist denn doch das Beste, was wir können. Ganz besonders in schwierigen Zeiten. Gerade im Alter, das sogar eine auch gute Zeit sein kann und bei vielen auch ist. Und wir Älteren haben Zeit mitzumachen. Vielleicht dann auch wieder Treffpunkte zu organisieren, an denen unsere gemeinsame Geschichte und der Wanderplan ab morgen und der Blick über den Tellerrand Gegenstand der

Gespräche sind. Und, wirklich, Zeit haben wir ja, wenn wir wollen.

Dieses Corona-Virus erweist sich als eine echte Pest, aggressiv, zerstörerisch, tödlich. Die Schwächeren zermürbt es schnell. Aber auch bisher kerngesunde Menschen greift es an, schädigt sie, teils dauerhaft, und auch junge verlieren den Kampf um ihr Leben. Das wurde härter, als am Beginn vermutet und die Pandemie ist noch nicht zu Ende. Wir müssen kühlen Kopf bewahren und Ausdauer im konkreten Kampf gegen sie und uns selbst aktiv und sorgfältig schützen. Und dürfen andere nicht infizieren. Solange Impfstoff und Medikamente fehlen, wird es ein täglicher Kampf bleiben, die Infektion zu vermeiden und einzudämmen, besonders Gefährdete zu schützen, Erkrankte zu betreuen und zu heilen. Auch den Ärzten und Ärztinnen und Pflegenden Mut zu machen und zu helfen, so gut wir können, wo immer wir leben. Es gab und gibt auch die guten Geschichten in der Katastrophe.

Aber sie wird jenseits unmittelbarer Gesundheitsgefährdung weit und zerstörerisch in den sozialen und ökonomischen Alltag hineinwirken. Das wird Anstrengungen kosten, bei uns und weltweit. Die ohnehin Schwächeren werden massiver betroffen sein. Und es muss im weiteren Vorgehen klar sein, dass die stärkeren Schultern mehr tragen müssen als die schwächeren, hier muss die Formel nun wirklich gelten. Trotz alledem: Die Menschheit wird das Virus stoppen und entschärfen, Schritt für Schritt und dann definitiv. Man hofft: bald!

Und dann werden wir uns treffen und es wird viel zu erzählen geben. Nicht weil die Erlebnisse alle so schön gewesen wären, das ganz sicher nicht, aber weil wir darüber sprechen müssen. Wie es war. Was wir erlebten. An Schlimmem, vielleicht sogar Furchtbarem. Aber auch über Menschen, die Menschen geholfen haben, so gut es in diesen aufregenden

Wochen und Monaten nur möglich war. Was diese Pandemie in unserem Leben für eine Rolle spielte und spielt. Was nie wieder passieren darf und was deshalb passieren muss.

Dass Leben kostbar ist und einmalig gut und wichtig. Das alles kann zuhause und unter befreundeten Menschen Gegenstand von Gesprächen werden, sollte es sogar. Aber wir können in den Stadtteilen und Quartieren auch zu gemeinsamem Gedankenaustausch einladen. Dorfgemeinschaftshäuser und Rathäuser sind geeignet. Und wenn jemand zum dritten Mal anhebt: »Als ich am 10. Mai zum ersten Mal nach fast sechs Wochen ...«, dann die Erinnerung nicht abschneiden mit: »Ja, ja, kennen wir schon!« Da geht's um etwas, was dem anderen Menschen ganz besonders wichtig ist. Zuhören!

Und falls sich dann jemand meldet und erinnert, wie das im April 1945 bei ihm zuhause war, dann auch das nicht wegwischen. Wir müssen über das Elend des Lebens auch mal reden dürfen, damit das Gute und Erfreuliche auch wieder Platz hat, an die Oberfläche zu kommen.

Da ist viel Stoff für Lebensgeschichten. Und Alter ist da ein Pfund.

Historiker und Experten der Virologie und des Katastrophenschutzes werden das Geschehene genau vermessen und es erklären, faktenträchtig und orientierend. Es wird sich lohnen, das zu lesen oder ihnen zuzuhören. Sie machen die Wahrheit verstehbarer und die Zusammenhänge plastischer. Sie nähern sich und uns der Objektivität an und das ist nötig.

Aber: Wir alle leben heute gemeinsam in dieser Zeit. Und wir alle erleben diese Zeit und sollten darüber mit anderen Menschen sprechen können. Nicht »runterschlucken und vergessen«. Sich aussprechen kann überall ermöglicht werden. In Talkrunden, in Jahreschroniken 2020. In Zeitungsbeilagen. Locker im Gespräch. Jede und jeder kann das. Dass das schnell subjektiv werden kann? Genau, subjektiv war das ja auch, ist das ja auch. Subjektiv ist wichtig.

Wenn es ins dritte Drittel des Lebens geht, darf man sich vergewissern, was gut war und was nicht, aber auch, trotzdem, dass es sich gelohnt hat und weiterhin lohnt. Die Liebe zum Leben ist der beste Treibstoff auch im Alter. Und es gibt ein Vorne.

Man muss da auch die großen Medien nicht ausschließen, die dafür sorgen, dass nicht nur die Experten, die um die richtige Akzentuierung streiten oder ums Recht, es bis zuhause ins Wohnzimmer schaffen, sondern auch Ältere und Alte, die etwas zu erzählen haben über die Corona-Zeit und zu sich und zu damals, zu heute und überhaupt. Und zu Corona sind wir alle Zeitzeugen. Das ist ein Erlebnis, das sich in uns nicht durch Beschweigen erledigt. Wir dürfen nicht verstummen.

Da blicken die Experten zweifelnd – aber Mut: Die Leben, über die zu erzählen ist, über diese Zeit und andere Zeiten, sind erzählenswert.

(Und natürlich gilt das nicht nur für die alte Generation!)

Da ist eigenes Erleben und Herzblut im Spiel. Und das ist viel. Und nicht zu vernachlässigen. Wer sind wir? Wie leben wir? Was ist uns wichtig? Was wird wichtig werden? Der Blick in die nächsten 30 bis 40 Jahre ist ja nicht weniger spannend. Wir wollen ja noch dabei sein und mitgestalten. Reden wir doch über 2040. Wenn das ein gutes Jahr sein soll – es soll!!! –, dürfen wir uns bis dahin keine Pandemien oder andere Katastrophen globaler Art mehr leisten. Was also tun?

- *Die Politik ist anzusprechen.* Als Politikerinnen und Politiker. Als Parteien. Als Staat. Über Zukunft der Demokratie und die Gleichwertigkeit der Lebensverhältnisse ist in den ersten Kapiteln schon einiges gesagt. Trotzdem bleiben da noch Anmerkungen nötig, die in 2020 auch im Zusammenhang mit Corona verstärkt Aktualität bekommen haben. Auch Pflege und Demenz gehören dazu. Kurzer Hinweis: Zur Demenz-Strategie kommt gerade einiges in Bewegung.

- *Die Gesellschaft ist von erheblichem Belang*, wenn das mit der Demokratie und der Lebensqualität in Vielfalt klappen soll. Wir sind alle Teil der Zivilgesellschaft und so Beteiligte und Betroffene gleicherweise. Unikate und Mitglieder. Mitgestaltende. Ohne uns geht nichts.
- *Das Wichtigste an uns und diesem guten Stück Leben sind wir selbst*. Das darf man auch so sagen. Es ist die Realität für jede und jeden. Wir sind unser eigenes Hauptthema, deshalb wollen wir ja selbstbestimmt leben. Aber auch in Mitverantwortung für jede und jeden und fürs Ganze, für persönliche Freiheit und Solidarität.

Lange leben ist für die allermeisten Menschen ein natürliches Ziel, lange mit guter Lebensqualität. Wo wir Einfluss nehmen können in diesem Sinne, sollten wir es tun. Es ist nicht egal, wie wir älter werden. Und der Weg durchs Leben, den wir über die Jahrzehnte lernten und gingen, entwickelte sich zur Lebensgeschichte.

Als Älterer kennt man die klassische Frage, wie man in den Ruhestand zu starten empfiehlt. Also: Mit Vollgas in den Stillstand. Ich habe da eine gestanzte Antwort parat. Sie bleibt richtig:

»Ein Start in den Ruhestand wäre ein Paradoxon. Mit dem Industriezeitalter wurde für Männer der Beruf das eigentliche Leben. Schule als Vorbereitung, Rentnerzeit als Stillstand mit Abgesang. Frauen waren ohne Ruhestand, sie hatten zu tun.

Da verändert sich gerade was. Der »Ruhestand« wird bald vom Viertel zum Drittel der Lebenszeit, also noch wichtiger. Erste Frage: Was sagt das Grundgesetz? Rechte und Pflichten altern nicht. Wenn der Kopf klar ist, bist du mitverantwortlich (nicht nur für dich selbst). Selbstbestimmung und Mitverantwortung sind Zwillinge. Zweite Frage: Was ist mit der sozialen Sicherheit? Das klärt sich überwiegend in den Jahrzehnten zuvor, an gerechten Löhnen und an dem Wohlstand des Landes morgen. Dritte Frage: Was machen mit dem Älterwerden? Die ballistische Lebenskurve ist beeinflussbar, wenn man will. Es ist klüger, man will. Und für dieses Handeln bieten sich LLL an: Laufen, Lernen, Lachen. Sich bewegen ernährt das Gehirn, also Körper und Geist. Neugierig bleiben ebenfalls. Kontakte halten, sich engagieren. Und Lachen ist Liebe zum Leben, echt gesund.

Ach so, der Start: Fällt aus. Der Wagen rollt schon. Die Uhr tickt weiter, solange sie tickt. Man sollte sich nicht zu lange im Rückspiegel spiegeln, die Aussicht rundum ist schön, die Kurven sind eng und die Chancen sind vorne. Das Resümee: »Ruhestand« ist Leben total, was sonst. Das Leben ist ein Ganzes.«

Für zahlreiche Menschen verändern sich im Verlauf ihres Lebens die üblichen täglichen Bewegungsräume. In unserer mobilen Zeit umfassen sie nicht selten viele Kilometer und mehrere Kommunen: Schule, Ausbildung, Beruf, Universität, Kultur, Sport, Freizeit – es gibt viele Gründe und ist kaum noch jemandem der Rede wert. Im Älterwerden verengt sich dieser Radius für viele Menschen aber deutlich, für die meisten auf wenige Kilometer, manchmal auf einige hundert Meter. Die Mobilität ist deutlich reduziert (was sie noch wichtiger macht). Angebote fürs tägliche Leben sind nahebei erwünscht. Allgemeine Daseinsinfrastruktur, Arzt und Apotheke, Bank und Post, auch Nähe zu Beratung und zu sicherer und qualifizierter Hilfe für den Notfall jederzeit.

Treffpunkte, Begegnungsstätten, Seniorenbüros, Mehrgenerationenhäuser, Lokalitäten sind wichtig. Dabei spielt das Engagement eine große und gute Rolle, bei dem auch viele Ältere anregen, organisieren und praktizieren helfen. Man trifft sich, unternimmt was, isst miteinander, spielt Karten und Schach, wandert, geht ins Kino, hört sich Vorträge an und diskutiert mit (die Volkshochschulen sind mit guten Programmen am Markt) und hilft, zum Beispiel bei der »Tafel«. Da pulsiert überall ein eigenes Leben, ermöglicht durch Verbände und Vereine, stark unterstützt von zivilgesellschaftlich engagierten Älteren und Alten. Ohne sie bräche vieles weg, was im kommunalen Leben der Kitt der Gesellschaft ist.

Die schon erwähnte neue DSEE – Deutsche Stiftung für Ehrenamt und Engagement – kann diesen lebendigen Teil unserer älteren Gesellschaft wirkungsvoll unterstützen und ihm neue Impulse geben, zum Nutzen des Ganzen, der Kommune und der Demokratie.

Bis hin zur Stärkung des Ehrenamtes bei der konkreten Hilfe von Mensch zu Mensch. Der Hospiz- und Palliativdienst ist dabei ein leuchtendes Beispiel. Aber es gibt noch viele weitere Felder. Und viele Möglichkeiten, die zusätzliche Impulse und Unterstützung gut gebrauchen können. Denn es gibt ja nicht nur die hier knapp skizzierten Aktivitäten im Leben der älteren Gesellschaft, sondern Verbände, Vereine und Initiativen, Kirchenkreise, Seniorenclubs, Parteien, die aktiven Mitglieder, Frauen und Männer, Alte und Junge und die dazwischen natürlich auch.

Und das Engagement und das Ehrenamt, an denen so viele Ältere und Alte aktiv beteiligt sind, sind gutes Leben. Für die Aktiven und die Hilfsbedürftigen. Mehrgenerationenhäuser, Patenschaften für Schulkinder, Sprachunterricht für Migranten und Vorlesestunden sind gute Beispiele. Bei der Gelegenheit auch ein paar Sätze zu den Omas und Opas, die bei allen Veränderungen in den Gesellschafts- und Familienstrukturen doch immer noch in erheblicher Zahl – pünktlich und verlässlich – wesentlich dazu beitragen, dass die Familien ihrer Kinder und Enkelkinder ihr kompliziertes Management an Haushalt, Berufstätigkeit, Kita, Schule, Mahlzeiten, Sonderkurse und Freizeitaktivitäten organisiert bekommen. Das gilt jetzt, aber auch in Zeiten ohne Corona. Das Modell gilt in manchen Statistiken als von gestern. Aber auch 2020 sind Opas und Omas noch systemrelevant. Sie erwarten keinen Oma-Opa-Staatsfeiertag mit Beflaggung, sondern engagieren sich hier besonders gerne. Aber doch mal kurz und kräftig: Danke schön, ihr seid wichtig!

Und für die Statistiker: Die Zahl dieser Groß- und Urgroßeltern steigt in den kommenden Jahren kräftig an und ist eine wesentliche gesellschaftliche Stütze und mobilisierbar. Und manche machen mit als Wahl-Oma und -Opa für heute junge Familien, die ihre Großelterngeneration nicht vor Ort haben. Das nutzt allen.

Die Älteren und Alten sind ja längst mindestens zwei Generationen. Die heute 55- bis 75-Jährigen (1945 bis 1965 geboren) und die über 75-Jährigen (vor 1945 geboren) tragen sehr unterschiedliche Lebenserfahrungen und persönliche Lebensweisen mit sich herum. Menschen werden von ihren Kinder- und Jugendzeiten und in ihnen deutlich geprägt. Nazi-Aufmärsche, Pogrom-Mord-Nacht, Krieg, Bomben, Hunger, Vertreibung, DM, DDR / BRD, Fußballweltmeisterschaft 1954, Wirtschaftswunderland. Und auch die persönlichen, familiären Prägungen weisen ein breites Spektrum auf. Ob die Bereitschaft zum zivilgesellschaftlichen Engagement sich generationenübergreifend ungeschmälert fortsetzt, kann man noch nicht wissen. Das zu ermöglichen und dafür auch offen zu werben, sollten wir aber nicht verpassen. Denn auch hier kann es schnell und massiv »Nachwuchsprobleme« geben. Und nicht jede Lücke kann mit Anwerbung aus aller Welt geschlossen werden, so willkommen solche Hilfen von außen auch sind. Die Verhältnisse ändern sich, aber gebraucht werden alle, auch die Älteren und die Alten.

Dieser knapp beschriebene Wandel wird seine guten Seiten haben und seine Herausforderungen. Kein Grund zur Skepsis. Aber gute Gründe, sich Gedanken zu machen und zu handeln. Helfen wird die sich verbreitende Erkenntnis, dass zivilgesellschaftliches Engagement nicht nur eigene Zeit kostet und manchmal Ärgerlichkeiten mit sind bringt, sondern auch gute Lebenszeit bedeutet und echte Lebensfreude. Und Selbstnutz ist kein ehrenrühriges Motiv, sondern auch hier menschlich und erlaubt. Eines steht jedenfalls fest: Die Aktiven in den Generationen der starken Geburtenjahrgänge (1950 bis 1965) und davor werden eine wichtige Rolle auch im zivilgesellschaftlichen Engagement der kommenden zwei oder drei Jahrzehnte spielen. Ihr Potenzial ist groß und wird gebraucht. Es geht um ein gutes Stück Leben, auch für sie selbst. Lebendiger Teil der Gesellschaft sein und bleiben wollen, aktiver Teil der Kommune / des Stadtteils / des Dorfes, das sind jedenfalls gute Vorsätze. Gelegenheit dazu gibt es immer.

Bei allem, was die Gesellschaft (jeder von uns eingeschlossen) dazu beitragen kann und was der Staat an Regeln und Sicherheiten anbieten und garantieren kann – jeder einzelne Mensch bleibt wichtig und prägt so auch seinen eigenen Lebensweg selbst. Man zögert, die olle Kamelle aufzuwärmen. Aber weshalb nicht, und – ich bekenne mich – so dumm ist sie auch gar nicht: Jeder Mensch ist seines Glückes Schmied. Gut, hängen wir's tiefer: Fast jeder Mensch ist ein wenig auch seines bescheidenen Glückes Schmied. Aber immerhin.

Nein, es geht nicht um einen Rundum-Lebensplan von 18 bis 80plus. Auch nicht von 50 bis 90. Aber das stimmt denn doch: Falsch machen kann man ab 50 eine Menge, was Lebensqualität für die Dauer angeht. Sogar ab 18.

Prävention ist nicht mein Lieblingswort. Ein Leben lang gezielt sehr gesund leben und dann vom Blitz erschlagen werden, das, finde ich, ist keine gute Perspektive. Aber die Ausrede ist ja auch Unsinn. Gesundes Leben hilft sofort und nicht erst dann im Alter. Und die meisten Blitze treffen auch nicht.

Das öfter zitierte nützliche Laufen und Lernen und Lachen macht ja sofort Spaß, nicht nur in seinen positiven Auswirkungen in späteren Jahren. Man muss nur die Perspektive ändern: Heute laufen, lernen und lachen, ist für heute gut. Morgen ist es für morgen gut. Und so weiter. Und später auch für später. Ein bisschen Pfiffigkeit darf man sich auch selbst zumuten.

Und damit man es an keinem Tag vergisst, in keiner Woche, vereinbart man am besten mit anderen verlässlichen Menschen verlässlich Termine fürs gemeinsame Laufen und Lernen und Lachen.

Und trotzdem muss man im Blick behalten, ganz realistisch, dass Stolpersteine herumliegen können und dass das Leben verdammt tiefe Schlaglöcher haben kann. Eine Garantie für ebenen Weg und freie Sicht gibt es nicht, das wissen wir doch. Darüber gelegentlich nachdenken vor dem und im Älterwerden, und mit dem einen liebsten Menschen darüber sprechen, am Küchentisch, das muss nicht jede Woche, nicht mal jeden Monat auf der Tagesordnung stehen. Aber gelegentlich doch und von Zeit zu Zeit auf jeden Fall mal wieder. Man muss ja nicht ignorant durchs Leben stolpern, wenn man Fallgruben auch rechtzeitig erkennen und vorsichtig umgehen kann. Dabei sollte man sich nicht als Minensuchkommando gerieren, sondern entschlossen und zuversichtlich bleiben. Also stellt man sich und den Nächsten gelegentlich Fragen: Wollen wir im Älter- und Altwerden an diesem Ort und in dieser Wohnung bleiben? Ist die Wohnung altersgerecht? Wie können wir uns im Ort weiter gut integrieren? Was schreiben wir in unsere Vorsorgevollmachten für den Fall, dass wir nicht mehr selbst entscheiden können? Wo hinterlegen wir sie? Wie sollen die Patientenverfügungen aussehen? Und wie halten wir sie verbindlich und auf der Höhe der Zeit? Wie sichern wir die Kontakte zu unseren Kindern und ihren Familien, zu unseren Enkelkindern? Wie sichern wir unsere / welche Freundschaften an diesem oder anderen Orten? Wie sieht unsere finanzielle Alterssicherung aus und was bedeutet das für unseren Lebensstandard? Was tun wir für unsere Fitness? Was nehmen wir uns vor, noch zu lernen, zu sehen, zu erleben? Gibt es Aufgaben, die wir gerne beruflich oder ehrenamtlich oder zivilgesellschaftlich übernehmen oder weiterführen möchten? Wie lange?

Man muss ja nicht alles sofort beantworten. Manchmal reicht es schon, wenn man die Frage deutlich stellt.

Wie gesagt: Kein Masterplan. Aber die Übungen am Puzzle sollten rechtzeitig beginnen. Sie können sogar Spaß machen und ein Aufbruch sein. Denn ungefähr ein Drittel Leben steht noch an und das sollte man nicht vertrödeln oder aus Unachtsamkeit in den Graben fahren. Die Einsicht sollten wir jedenfalls fest verankern, dass es sich lohnt, sich Gedanken dazu oder zu anderen wichtigen Dingen zu machen, also: Zum Leben heute und im Weiteren. Zu unserem Leben. Zum ganzen Leben!

Und man hat auch mit 50 und 60 und 70 und 80 und darüber noch Veränderungspotenzial. Man ist nie ein abschließend geformter Block, der nun unabänderlich ist, wie er ist und Schluss. Wir verändern uns, man kann sogar sagen, mehr oder weniger gewollt oder zum Teil auch ungewollt. Das hat kein Ende. Und es ist besser, man wirkt dabei selbst klug mit. Wir wollen ja entsprechend der Möglichkeiten gut und auf der Höhe der Zeit sein. Versuchen wir es doch.

Unsere Mobilität müssen wir hegen und pflegen. Zumal sie nicht die Fähigkeit unseres Gehirns hat, im Alter und bei Ausfall der Beweglichkeit und Muskelkraft neue natürliche »Vernetzungen und Schaltstellen« einzurichten. Wenngleich, das Tempo der Temporeduktion lässt sich doch begrenzt (!) beeinflussen. Bewegung im Älterwerden ernährt eben nicht nur das Gehirn, sondern auch die Muskeln und damit die Beweglichkeit. Und neue Hüften und Gelenke sind auch Instrumente der Mobilitätsbewahrung, die noch recht jung ist, aber inzwischen wohl millionenfach bewährt.

Bewegung im Alter, praktizierte personale Mobilität, ist gleichzeitig Sturzprophylaxe. Denn Koordinationsprobleme und unzureichende Beweglichkeit erhöhen die Sturzgefahren. Bei Sturzunfällen in Wohnungen und Häusern starben in den jüngsten Jahren doppelt so viele Menschen wie im Straßenverkehr. Das hat mit unzureichender körperlicher Mobilität zu tun. Aber auch mit unnötigen Barrieren in Wohnungen, die zu Sturzunfällen führen. Beiden Ursachen kann vorgebeugt werden, nicht immer, aber in nicht wenigen Fällen. Vorsichtsmaßnahmen lohnen sich. Erstens helfen regelmäßige Gymnastik und Bewegungssport. Zweitens sollten die Barrieren entfernt werden. Das Anliegen braucht dringend neue Impulse. Durch Bewegungssportgruppen für Ältere. Und durch Maßnahmen in den Wohnungen und Häusern.

Die Bewegungssportgruppen können bestehenden Sportvereinen angegliedert werden. Was dort meistens auf Zustimmung stößt, wenn die Organisation von Beteiligten übernommen wird und die ohnehin überlasteten Vereinsfunktionäre nicht zusätzlich und am helllichten Tage dafür in

Anspruch genommen werden. Da finden sich doch sicher einer oder eine, die als Ältere teilnehmen und die Organisation übernehmen. So ist dann über den Verein auch eine allgemeine Versicherung gewährleistet und vielleicht auch punktuell sportliche Beratung.

In den Wohnungen sind es die zu schmalen Türen zum Badezimmer oder Toilettenraum, die umständliche Badewanne, die fehlende elektronische Hebeanlage bei den Jalousien und das fehlende Treppengeländer an der Außenseite der Wendeltreppe. Für relativ wenig Geld lassen sich Gefahrenpunkte schnell entschärfen. Pflegeversicherung und Kommune und Staat können hierzu informieren, Ratschlag geben und finanzieren helfen. Und es sollten dies mehr als bisher tun. Denn mögliche und gesicherte Mobilität ist Lebensqualität. Das ist wohl keine Frage. Wie wär's mit einem Konjunkturprogramm »Barrierefrei wohnen«?

Wenn dies alles geklärt ist, aber der ÖPNV am Ort gegen null tendiert und das selbstgenutzte Wohneigentum näher am Waldesrand als am Marktplatz steht und die Entfernung beim besten Willen fußläufig nicht zu bewältigen ist, dann stellt sich die Frage nach dem Auto und der Fahrtüchtigkeit. Oder nach einem (vielleicht ehrenamtlich organisierten) Bürgerbus, für dessen Praxis es schon einige gute Vorbilder gibt.

Pro Mobilität mitwirken müssen alle. Staat, Kommune und die Betroffenen selbst. Manchmal spielt auch der Führerschein eine Rolle und dieses Problem soll nicht verschwiegen sein. Es ist als Herausforderung eindeutig wachsend. Autofahren, wenn man sicher fahren kann, ist in jedem Alter eine anregende Tätigkeit, die Aufmerksamkeit und Reaktionsfähigkeit voll fordert und trainiert. Man merkt es wohl selbst am besten und zuerst, wenn man die Situation hinterm Steuer nicht mehr voll beherrscht. Es kann jedem im Alter passieren. Aber es passiert nicht jeder oder jedem im Alter. Und wenn man auf der »falschen« Seite ist, ist das keine Schande und ganz sicher nicht das Ende. Mut zum Realismus!

Und Mobilität und der Anspruch auf sie gehören auf die Tagesordnung. Wie wichtig sie ist, das erfuhren und erfahren wir mit Corona nachdrücklich. Rausgehen können, in den Garten, in den Park, auf die Straße, zu den Geschäften, zum Café. Zu Menschen, zum Sehen und Sprechen. Ein gutes Stück Leben.

Eine große und berechtigte Sorge vieler Menschen ist es, im Älterwerden *mit Demenz konkret konfrontiert* zu werden, bei nahen Verwandten oder Freunden oder bei sich selbst. Bei wenigen Themen sind die Augen so aufmerksam und die Ohren so auf wie bei diesem, und die Ratlosigkeit ist groß.

Aber alle wissen, mit dem Alter nimmt die Gefahr zu. Im dritten Drittel, zwischen 60 und über 90, wächst die Zahl der Betroffenen rasch. Von 1 oder 2 Prozent auf 35 bis 40 Prozent im Alter über 90. Es gibt bisher keine vorbeugende Impfung, keine kurierende Behandlung, keine wirkungsmächtigen Medikamente, keine Operation, keine Prothese. Am besten man nähert sich diesem Dilemma realistisch.

Hat es Sinn, bei Auffälligkeiten, die auf eine beginnende Demenz hinweisen könnten – ganz eindeutig ist das in vielen Fällen nicht –, gezielt eine qualifizierte Diagnose anzustreben?

Ja, über den Hausarzt beim Spezialisten. Neben Alzheimer gibt es andere Krankheitsbilder von Demenz mit anderen Verläufen. Manche auch hilfreich behandelbar, wenn auch nicht heilbar. Es wäre nicht verantwortlich, eine mögliche gezielte Behandlung zu unterlassen.

Ist es richtig, die Kinder und nahe Freunde nach einer Diagnose zu informieren, wenn Demenz sich andeutet oder manifest ist?

Ja, es macht keinen Sinn, es für einige Zeit noch vertuschen zu wollen und hilft weder dem kranken Menschen noch denen, die es ja gut mit ihm meinen und achtsam sind im Umgang mit ihm.

Muss ich mich »opfern«, wenn die Betreuung und Pflege zuhause sehr schwer wird?

Nein. Das nutzt niemandem. Demente Menschen verändern sich mit ihrer Krankheit, aber sehr unterschiedlich (und wir alle sollten in unserer Vorsorgevollmacht schreiben, dass wir für die eigene eventuelle Betroffenheit festlegen, auf jeden Fall in schwieriger Situation mit einer stationären Unterbringung einverstanden zu sein. Das entlastet Pflegende, die überfordert sind, aber aus Liebe oder Loyalität die stationäre Lösung ausschließen, die sich zu »opfern« bereit wären.)

Was macht Demenz mit den Betroffenen? Auch jeder demente Mensch ist ein Unikat. Also ist er keine Kategorie, die nach Schema zu behandeln ist. Demente bleiben sie selbst. Sie verlieren Sprache, Erinnerung und Orientierung, unterschiedlich. Sie können sanft sein oder aggressiv, hyperaktiv oder apathisch. Sie sind Menschen und fühlen auch so. Jede ist sie selbst. Jeder ist er selbst.

Gibt es Hoffnung, Demenz verhindern oder heilen zu können?

Es wird geforscht und geforscht. Zwischenergebnisse unterschiedlichster Art (z. B. Impfung), die vor Jahren Hoffnung zu machen schienen, verliefen wohl im Sande. Es ist möglich, eher wahrscheinlich, dass mit einer deutlich weiter steigenden individuellen Lebenserwartung weltweit die Demenz zu einer wahren Menschheitsplage wird und sich mancherorts eine beängstigende Frage nach der Akzeptanz der Unantastbarkeit der menschlichen Würde stellt.

Wenn … wenn nicht doch diejenigen noch recht behalten, die eine gebremste Entwicklung der Demenzzahlen weltweit zu sehen meinen und auch einige Zahlen nennen. Aber man mag nicht zu früh jubeln. Gerald Hüther, gern und oft zitierter deutscher Hirnforscher, sagt mit Vorsicht: Es kommt erstens darauf an, die Welt und unser eigenes Leben zu verstehen. Zweitens, Zuversicht zu haben bezüglich ihrer und seiner Gestaltbarkeit. Und drittens, Sinnhaftigkeit zu erleben in dem, was wir sind und tun.

Das hört sich mehr nach Lebensphilosophie und Lebensstil an als nach Medikament oder Hirnprothese. Aber bedenkenswert ist es doch.

Wir nutzen, sagt er, die Fähigkeiten unseres Gehirns nicht ausreichend, im Älterwerden die Potenziale neu zu sortieren und zu mobilisieren. Es klingt verlockend. Der Versuch ist frei und kostenlos. Und es passt zu dem, was bereits 2014 die Epidemiologin Monique Breteler sagte: Unser Älterwerden hat wesentlich damit zu tun, dass lebensgefährliche Krankheiten später im Leben als bisher auftreten. Das gilt auch für demenzrelevante Krankheiten. Was hoffen lässt, dass auch die Demenz sich verschiebt und deutlich später auftritt. Das wäre noch nicht die Lösung, aber doch guter Zeitgewinn. Und dazu könne der einzelne Mensch selbst beitragen. Was man denn tun kann, wurde sie gefragt. Ihre Antwort: »Es gibt gute Gründe anzunehmen, dass bessere Bildung schützt, gute Ernährung und körperliche Aktivität ebenfalls und auch weniger Nikotin. Dazu kommt die bessere Kontrolle von kardiovaskulären Risiken. Also Übergewicht vermeiden. Blutdruck, Blutfette und Diabetes überwachen.« Keine zu hohen Preise, wenn man damit Demenzerkrankung deutlich hinausschieben oder gar verhindern kann.

In der Realität dieser Jahre stellt sich aber zunächst noch die Frage, wie Betroffene und Pflegende Information und Beratung, Unterstützung und praktische Hilfe zeitweise oder umfassend erhalten können. Und wie demente Menschen das sichere Gefühl behalten dürfen, von uns als gleichwertige Menschen und jede und jeder Einzelne als Individuum wertgeschätzt zu werden. Denn das sind sie und bleiben sie: kein Fall, sondern ein konkreter Mensch, der mit einem Handikap zu kämpfen hat. Am 1. Juli 2020 ist zu diesem Thema Demenz in unserem Land etwas Wichtiges und Zielführendes passiert, das nun Folgen haben wird, haben muss: Die Bundesregierung hat die seit Anfang 2019 in Vorbereitung befindliche »Nationale Demenzstrategie« beschlossen. Unter Federführung der Ministerin für Familie und Senioren und des Gesundheitsministers haben weitere betroffene Ministerien und Länder und Kommunen, Spitzenverbände und über fünfzig dem Thema verbundene Akteure der Zivilgesellschaft einen ausführlichen Vorschlag erarbeitet, wie in Zukunft in Deutschland gesichert werden kann, dass im ganzen Land und vor Ort Strukturen geschaffen werden und genutzt werden, die bestmöglich auf Hilfe und Unterstützung für demente Menschen und ihre Angehörigen ausgerichtet sind. Es lohnt sich, die (im Entwurf) rund 150 Seiten zu lesen – und in die Umsetzung zu gehen. Der Aufschlag ist gelungen ...

Die Erfahrungen in Corona-Zeit mit dieser Problematik macht diese Entwicklung in Sachen Demenz umso wichtiger.

In der Corona-Zeit war und ist es eine besondere Aufgabe, demente Menschen angemessen zu begleiten und ihren Bedürfnissen zu entsprechen. Der Zeitdruck und die Komplexität der Pandemie-Wirkungen werden vielen Bewohnern von Heimen, die dement sind, nicht vermittelbar sein, und entsprechend gefährdet ist der sichere Schutz vor Infektion bei unbedachtem Verhalten. Großen Respekt für alle, die sich sachkundig und geduldig um diese Menschen intensiv kümmern. Auch für die, die das zuhause tun.

Die Pflegebedürftigen in Heimen überhaupt und die Fachkräfte, die zusammen mit Helferinnen und Helfern diese betreuen, hatten in den Wochen seit März alle eine besonders schwierige Zeit. Nicht alle Länder und kommunalen Stellen sprangen ihnen helfend bei. Dazu gibt es gründlicheren Klärungsbedarf, sobald es Zeit gibt für die Zwischenbilanz. Das darf nicht ins nächste Jahr verschoben werden. Dazu generell im folgenden Text noch etwas mehr.

Zunächst noch zur Pflege: Nicht alle Menschen werden über lange Zeit pflegebedürftig, nicht alle früh und nicht alle schwer. Von der unmittelbaren Sterbephase abgesehen. Ansonsten geht es um eine Minderheit, die allerdings keine kleine Minderheit ist. Diese Relativierung nach Anzahl ist für die betroffenen Menschen kein Trost. Außerdem kann die Zahl steigen, denn die Zahl der älteren bis hochaltrigen Menschen nimmt zu. Und unter ihnen wiederum findet sich die größere Zahl der Pflegebedürftigen. Jüngere Menschen sind auch von Pflegebedarf betroffen, auch schwer. Und ihre Situation ist auch besonders zu bedenken. Die Pflegebedürftigen insgesamt sind zuhause, in Heimen, in Hospizen, auf Zeit im Krankenhaus.

Anders als bei der Rente gibt es – logischerweise – keinen Pflegebedarfseintrittstag. Und es stellt sich bei steigender Lebens-erwartung die Frage, ob sich der Eintritt der Pflegebedürftigkeit in manchen Situationen – sicher nicht in allen! – beeinflussen und um einige Zeit verschieben lässt. Gibt es eine praktikable Vorbeugung gegen vermeidbar frühe Pflegebedürftigkeit? Genaue Zahlen dazu sind selten oder zumindest nicht auf dem Markt.

Steigt das durchschnittliche Pflegeeintrittsalter und bei wem? Und was weiß man über die Ursachen und Umstände? Gibt es eine plausible und vermittelbare Pflegebedarfsprävention? Heißt die Wahrheit Krankheitsprävention?

Allgemein scheint klar: Wir werden nicht nur älter, wir werden auch – durchschnittlich – später pflegebedürftig. Die Konsequenzen werden von Pragmatikern und Zynikern sicher unterschiedlich bewertet. Trotzdem, in die Lücke gefragt: Was sind die Risiken, früh pflegebedürftig zu werden, und was lässt sich vorbeugend dagegen tun? Eines sollte ohne lange Untersuchungen als vorbeugende Maßnahme möglich sein: niedrigschwellige Hilfe im Haushalt (Hauswirtschaft) und bei der Beratung und Anleitung, bei Ernährung und Mobilität. Das hört sich so unspektakulär an, wie es auch ist. Auch recht kostengünstig. Aber eben auch aussichtsreich für das formulierte Ziel. Wobei sich mal wieder zeigen dürfte: Unspektakuläre Maßnahmen haben wenig Chancen, gezielt so richtig populär (gemacht) zu werden. Trotzdem wäre der Punkt mit der Hauswirtschaftshilfe dringend im Blick zu behalten. Da geht's nicht um ob, sondern nur noch um wie und wer!

In Sachen Gesundheit sind wir stolz auf die Lösung großer und besonders schwieriger Probleme. Herz und Lunge transplantieren. Knie und Hüfte auswechseln. Und das ist auch verständlich und leichter zu rechnen. Hochleistungsmedizin muss ja auch bewiesen werden. Kein Neid. Aber auch keine Verblendung: Es lohnt sich, den Einstiegsbedarf in die Pflegebedürftigkeit rechtzeitig niedrigschwellig per Prävention – wenn es möglich ist – zu bremsen.

Nun ist Prävention ihrerseits ein etwas herbes Fachgebiet und führt nicht zu Begeisterungsstürmen. Ich mag dem Jugendlichen nicht sagen: Lass das Rauchen und das süße Zeug und das fette Essen und nimm die Treppen statt Aufzug, damit du erst spät pflegebedürftig wirst. Seinem eigenen besten Freund würde man das im Klartext sagen, denn es ist ja wahr, und man geniert sich bei ihm nicht.

Wir sind mal wieder bei der Selbstbestimmung. Und hier nun bei der Frage, ob es sich nicht doch lohnt, ohne Verbissenheit mit ein wenig Umsicht und Ausdauer die Chance auf ein relativ gesundes Leben auch im Älterwerden auszuloten. Immer mehr Menschen schaffen es ohnehin, mehr oder weniger gewollt, relativ gesund zu bleiben im Älterwerden. Wäre doch prima, wenn es gelänge.

Es ist doch so: Wir bauen ein Haus und legen einen Garten an und versichern uns und sparen was an für »ein gutes Alter«. Nicht nur, aber auch. Was haben wir von dem Haus und dem Garten und dem Sparkonto, wenn wir unnötig früh brachliegen? Wenn es doch auch besser ginge. Könnte ja sein.

Im Ernst: Dieses Leben ist für uns die einmalige Chance, unsere einzige. Zum ersten Mal in den Milliarden Jahren unseres Planeten und in den Millionen Jahren Menschheitsgeschichte sind wir nun dabei. Diese Chance ist auf dem Weg, sich irgendwann zu erschöpfen, klar. Aber wir geben sie doch nicht unnötig früh aus der Hand.

Zwei Aspekte unserer Pflegelandschaft sind besonders zu beachten. Erstens dass viele erst in die stationäre Pflege gehen, wenn ihr Pflegebedarf schon hochgradig geworden ist. Nicht selten leben sie weniger als ein Jahr im Heim. Was auch be-deutet: Ihr Pflegebedarf ist intensiv bis hochintensiv. Viele sind nicht mehr wirklich mobil. Nicht wenige wegen kognitiver Schwächen rational nur noch bedingt erreichbar.

Zweitens wird bei alledem unabweisbar deutlich, welche fundamentale Bedeutung die Pflege zuhause hat und in der kommenden Zeit behält.

Sie muss stabilisiert und tendenziell ausgebaut werden. Das mag man Wunschdenken nennen, denn viele Fakten zeigen in eine andere Richtung. Rund 70 Prozent der Pflegebedürftigen sind zuhause und werden dort betreut. Rund 20 Prozent der Gesamtzahl unter Hinzuziehung ambulanter

Pflegedienste. Rund 50 Prozent der Gesamtzahl ohne regelmäßige Hilfe durch ambulante Pflegedienste. Betreut und versorgt im Wesentlichen von Familie, Verwandten, Bekannten, besonders oft Töchter und Schwiegertöchter. Die Zahl der Kinder und damit der nächsten Verwandten, die im Haus oder überbrückbarer Nähe leben, ist tendenziell sinkend. Die der Pflegebedürftigen steigend, denn die Alterskohorten wachsen.

Die eigene Berufstätigkeit von Frauen und Männern in der potenziellen Familienpflege wird zukünftig noch wahrscheinlicher. Viele sind bereit zu pflegen, bräuchten dazu aber verbrieftes Arbeitsschutzrecht und besseren finanziellen Ausgleich (wie bei Kindererziehungszeiten). Eine wachsende Rolle in der häuslichen Pflege übernehmen auch Partnerinnen oder Partner, die selbst schon im Rentenalter sind, die dafür Anregung und Beratung und auch finanzielle Unterstützung erhalten sollten.

Einige der angesprochenen Ansätze sind schon mögliche Realität, sollten aber verbindlich systematisiert und gestärkt werden und nicht mühsam erfragt werden müssen.

Es ist gut, dass wir in Deutschland die Pflegeversicherung haben. Damit ist die Grundstruktur gesichert. Die Versicherung und die Bedingungen für die Pflegepraxis müssen aber der sich wandelnden Bedarfsstruktur angepasst werden.

Dazu gehört endlich und zwingend eine Wertschätzung für den Pflegeberuf insgesamt, die sich auch in geordneter Lohnstruktur und in leistungsgerechten Löhnen zeigt. Also: weg mit der Beliebigkeit in der Lohnsystematik. Flächendeckend angemessene Löhne auf der Grundlage allgemeinverbindlicher Flächentarife. Das Zeitalter der partiellen Tariflosigkeit und damit verbundenen Abhängigkeit vom Geschäftsführer und seiner Vertragsbereitschaft muss zu Ende sein. Genug gewartet, oft genug gesagt. Das muss jetzt passieren. Und für die Beschäftigten hier noch einmal die dringende Empfehlung: Organisiert euch gewerkschaftlich. So funktioniert das in unserem demokratischen sozialen Bundesstaat. Starke Arbeitgeberverbände und starke Arbeitnehmerorganisationen machen Verträge, die für alle verbindlich sind. Der Staat kann begrenzt Mindestlöhne gesetzlich fixieren, aber er ist nicht Lohntarifpartner außerhalb des unmittelbaren Öffentlichen Dienstes. Im Rahmen seiner Möglichkeiten muss der Staat nun helfen, geordnete Tarifverhältnisse im Altenpflegebereich flächendeckend zu sichern und so den Altenpflegerinnen und -pflegern und dem möglichen Berufsnachwuchs zu zeigen: Das ist ein schöner Beruf und ein wichtiger und einer, der auch rundum anerkannt ist, auch beim Lohn.

Ganz ohne Kommentar zum Geschehen in den Heimen in den ersten etwa zweieinhalb Monaten Pandemie geht es nicht (Stand: 30. Juni 2020). Die Wahrheit ist: Unsere Heime, so wie sie sind, sind überwiegend für Katastrophen wie diese Pandemie nicht ausreichend abwehrfähig. Das muss sich ändern. Grundsätzlich, konkret, bald, verbindlich!

Niemand hat schon ein wirklich umfassendes, objektives Bild vom Ablauf dieser Monate in den einzelnen Heimen. Es gibt offensichtlich große Unterschiede bei Raumstruktur, Pflegegrad der Bewohner, Arbeitsstrukturen. Insofern haben alle Feststellungen hier auch ihre Fragezeichen. Trotzdem sind Beiträge zum Thema auch beim derzeitigen Stand möglich und wichtig und durch Fakten gedeckt.

Heime haben einen besonderen Status. Sie sind faktisch verdichtete Mietwohnungshäuser mit größerem Anteil Gemeinschaftsfläche und hoher Berührungsnähe zwischen den Bewohnern und einer vergleichsweise großen Zahl von Pflege- und Hauswirtschaftskräften und privaten Besucher/innen, die täglich in das Haus kommen und auch wieder gehen. Die Bewohner sind zwischen vollmobil und bettlägerig, kognitiv auf der Höhe bis deutlich geschwächt.

Während – vernünftigerweise – Kita-Kinder und Schülerinnen und Schüler und viele Arbeitnehmer/innen von ihren sonst täglichen Versammlungsorten – Kita / Schule / Fabrik / Büro – ausgesperrt wurden, mehr oder weniger, um sich nicht gegenseitig zu infizieren, blieben die Heimbewohner/innen in den Heimen, denn sie wohnen ja hier. Pflege- und Hauswirtschaftskräfte kamen täglich, um die Bewohnerschaft zu betreuen, zu beköstigen, zu pflegen. Privater Besuch, der nicht mit persönlicher beruflicher Erlaubnis ins Haus kommen konnte, bekam Hausverbot. In der Schocksituation März 2020 war das unter lauter schlechten Lösungen noch eine rationale. Für die Bewohner in den Heimen und für ihre Verwandten und Freunde gleichwohl eine harte Zumutung. Offensichtlich hat man in manchen Heimen Wege für Härtefallsituationen gefunden, in anderen nicht. Mitte Mai gab es von Bund und Ländern die Ankündigung einer punktuellen Auflockerung mit weiterführender Perspektive. Mindestens von da an gab es sehr unterschiedliche Entwicklungen. Die Länder hatten ihre Zuständigkeit reklamiert, haben dann aber sehr unterschiedliche Entscheidungen getroffen. Öffnungen, die Mut machenden Charakter hatten und Perspektiven einer weiteren Öffnung in sich trugen. Aber auch Handlungsverweigerung, verbunden mit Verweis an die einzelnen Heimleitungen, Lösungen zu finden, wenn sich solche gefahrenfreien Lösungen erreichen ließen. Die Entscheider vor Ort in den Heimen wurden hier im Stich gelassen und bei ungeklärter Haftungslage in eine Verantwortung gedrängt, die sie aus eigener Kraft nicht konstruktiv beantworten konnten. Jedenfalls zahlreiche von ihnen nicht.

Was sich hier als nüchterner Bericht liest, ist die Geschichte von Not und Angst teils total isolierter Pflegebedürftiger und ihrer Angehörigen bis hin zu Verstorbenen, die auch in ihrer letzten Stunde keinen Kontakt mehr haben durften zu den Menschen, die ihnen besonders nahe und wichtig gewesen waren. Sie starben einsam.

So begreiflich die erste Entscheidung der strikten Maßnahme auch war, nämlich der schnelle, konsequente, bestmögliche Schutz vor Infizierungen, so unbefriedigend bis unerträglich ist der Fortgang der Dinge ab Mitte Mai, wie gesagt: nicht überall, aber doch allzu oft.

Ich hoffe, dass der Deutsche Bundestag und der Pflegebeauftragte der Bundesregierung sich der Sache annehmen, den Vorgang genau aufklären und vorschlagen, wie im Weiteren die Bewohner/innen von Heimen gegen solche Katastrophen geschützt werden müssen und wie das geschehen kann und soll und bis wann.

Von Hannah Arendt stammt das schöne Wort, dass »Politik angewandte Liebe zum Leben« ist. Das gilt auch für gesellschaftliches Engagement. Ich folge dem gerne und bin sicher, dass überhaupt Liebe zum Leben ein ganz wesentlicher Schlüssel ist für Lebensqualität generell. Wir sollten achtsam mit unserem eigenen Leben umgehen. Mit dem anderer Menschen auch.

Das Sterben ist wichtiger und letzter Teil unseres Lebens und verdient hier Beachtung. Im Alter kommt man ihm näher, unweigerlich. Der Mensch ist ein meisterliches natürliches Konstrukt, zweifellos, aber unser Körper ist tendenziell vergänglich. Das begrenzt uns, aber vielleicht ist das nicht nur ein Nachteil. Ich sage »vielleicht«, weil wir die Alternative nicht kennen. Das Sterben ist eine persönliche Katastrophe. Ich bin gegen das Sterben, aber ich hoffe nicht auf die, die mit viel Geld und noch mehr Egozentrik sich ihr ewiges menschliches Leben sichern zu können glauben. Ich bin da Realist.

Ich sehe das wie Snoopy. Charlie Brown sagt zu ihm: »Tja, eines Tages werden wir alle sterben.« Und Snoopy antwortet: »Ja, aber an allen anderen Tagen nicht.«

Wir haben jede und jeder einen Anfang und ein Ende. Und wir sind so ein Stück Zeit in der Ewigkeit, von der wir reden, die wir aber nicht verstehen. Ein sehr kleines Stück. Umso wichtiger ist es, davon nichts ungenutzt zu lassen. Aber klar, letztlich entkommen wir dem Sterben nicht. Die Dorfweisheit, dass man sich ums Sterben keine Gedanken machen muss, weil man »sowieso stirbt«, wird noch immer leichthin zitiert, ist und bleibt aber unsinnig wie eh und je, ist eine Flucht vor dem Thema. Das Sterben ist ein Teil des Lebens, und es ist sehr wichtig, wann es geschieht und wie es verläuft, dieses Stück Leben, das Sterben heißt.

Das Sterben in unserer Zeit geschieht oft anonymer als noch vor wenigen Generationen. Wobei es sicher schon damals Unterschiede gab zwischen dem Leben und Sterben auf dem Land und in der Großstadt. Aber es stimmt wohl insgesamt doch: Da hat sich beim Sterben was verändert. Nicht selten erfährt man erst davon, wenn in der Zeitung zu lesen ist, dass die Beisetzung bereits stattgefunden hat.

Und nur seltsam ist das nicht. Die Sterbenden und ihre Angehörigen wollen diese begrenzte, besondere Lebensphase vielleicht nur für sich und wollen dabei nicht gestört werden vom üblichen Trubel und Gehetze unserer Zeit. Es mag auch andere Motive geben. Man kann auch sagen: Wir nehmen uns keine Zeit mehr fürs Sterben. Wir erledigen es am Rande (der Gesellschaft). Im Stillen. Schlimm? Nennen das dann Würde und finden es so genau angemessen? Wir Menschen sind ein buntes Völkchen.

Man darf es auch anders sehen und erleben.

Auch fürs Sterben und alles drum herum gibt es verschiedene Art und Form. Aber keine Norm. Keine, die dem sterbenden Menschen gleicherweise gerecht wird! Auch nicht den Trauernden! Das muss man respektieren. Früher waren Beerdigungen Familien-, Sippen- und Nachbarschaftstreffen. Jeder Mensch darf da heute seinen Wunsch haben, und die Trauernden und die, die Anteil nehmen, sollten das respektieren.

Das ist der Blick auf den Abschiedsgruß des Sterbenden an die Welt und auf die Trauer, die Beisetzung und das Gedenken. Individueller erfolgt dies in einer gewissen Vielfalt, die manchmal überrascht, aber doch auch sympathisch ist. Ein stiller Kult, jenseits und doch passend zur Hektik, in die unsere Lebensweise sich gesteigert hat.

Das ist der eine Blick aufs Sterben. Nach dem Abschied.

Der andere zeigt uns, dass wir uns in einer Intensität ums Sterben kümmern, wie es das so wohl noch nie gab. Die hospizlich-palliative Idee und Praxis ist umfänglicher und intensiver als je zuvor. In den jüngsten 30 bis 40 Jahren hat sich da vieles getan. Verändert. Verbessert, auch verbessert, ja. Sterben ist nicht schwerer geworden. Aber in mancherlei Hinsicht anders. Miteinander darüber reden ist wichtig.

Nie zuvor waren so viele Haupt- und Ehrenamtliche – mehr Frauen, auch Männer – gut geschult als Sterbebegleiter/ innen konkrete Hilfe für Sterbende und auch für die, die um Sterbenden trauern. Das gilt für die geschätzt etwa 15 Prozent Sterbenden, die dringend palliative Hilfe brauchen, Schmerzlinderung und -minimierung, wo möglich. In stationären Hospizen, auf Palliativstationen in Krankenhäusern, in Heimen oder zuhause betreut. Das gilt aber auch für alle anderen, von denen viele zuhause sterben möchten, »bei mir selbst«, »zuhause eben«, »in meinem Bett«, »bei meiner Familie«, »wo ich zuhause bin«.

Da ist ein neues Berufsbild entstanden, das es so intensiv und umfassend und zahlreich wohl noch nie gab. In gewisser Weise wohl auch als Folge der steigenden Lebenserwartung. Man darf jedenfalls von einer großen und menschenfreundlichen haupt- und ehrenamtlichen Bürgerbewegung sprechen, auf die sich diese Entwicklung im hospizlich-palliativen Bereich stützt und die angewandte Hilfe beim Sterben zum Inhalt hat.

Die so Engagierten mögen sich dabei wundern, dass sie beschwiegen werden, wenn so manche aufgeregte Debatte um »Sterbehilfe« stattfindet. Dabei sind genau sie es doch, die konkret Hilfe beim Sterben geben. Und das im Unterschied zu denen, die Sterbemittel zur Verfügung anbieten wollen, damit Menschen sich selbst töten können. Verkehrte Welt! Dank und Respekt jedenfalls hier für die vielen »ganz normalen« Sterbehilfeaktivitäten von Menschen, die sich Zeit nehmen, Schmerzen zu lindern, zu begleiten, zu trösten, da zu sein.

Wir müssen an dieser Stelle auch über das Zulassen von Sterben sprechen, auch das ein schwieriges und missdeutbares Wort, aber zutreffend. Die Hochleistungsmedizin ist einer der markantesten Fortschritte der Menschheit. Sie beugt vor und rettet und kuriert und transplantiert und ermöglicht vieles, was vor wenigen Jahren noch undenkbar schien. Und sie hat noch so manches vor. Ereignisse wie das Corona-Virus und seine tödliche Wirkung sind da auch Ansporn für Forschung, Behandlung, mehr Sicherheit, auch wenn diese immer unter 100 Prozent sein wird. Auch andere Krankheiten warten da noch auf Fortschritte.

Hochleistungsmedizin kann aber das Leben auch verlängern in einen Zustand hinein, in dem Sterben nicht zwingend leichter wird. In dem sich neue Fragen stellen, nicht nur des

Könnens, sondern auch des selbstbestimmten Gestaltens und Entscheidens im Sterben.

»Ich will keine so riskante Operation, keine künstliche Ernährung oder Beatmung über lange Zeit, keine weitere Chemotherapie. Ich mag nicht mehr essen, ich bin endgültig müde.« Oder auch: »Ich will jede mögliche Minute. Lieber dauerhaft kraftlos im Bett als im Sarg.« Und manchmal werden sich auch qualifizierte und verantwortungsbewusste Ärztinnen und Ärzte nicht einig sein, ob das nun eine Patientin / ein Patient für die Intensivstation oder für die Palliativstation ist. Ob es ums Erhalten und Kurieren geht oder unweigerlich ums Sterben.

In diesen Situationen sind Vorsorgevollmacht und Patientenverfügung wichtige individuelle Maßstäbe und Orientierungen für die zu treffenden Entscheidungen. Vorsorgevollmacht für den Fall, dass ich nicht mehr selbst zu entscheiden fähig bin und die Person meines Vertrauens das für mich tun soll.

Wir brauchen aber auch in diesen in der modernen Medizin komplexer gewordenen Entscheidungslagen volles Vertrauen in unsere Ärzteschaft und deren Fähigkeit und Bemühen, die bestmögliche medizinische Antwort zu finden. Und in ihre Fähigkeit und ihr Bestreben, Selbstbestimmung zu respektieren und gute zulässige palliative Hilfe beim Sterben zu sichern, also Lebensqualität im Sterben.

Und immer bleibt es wahr: Auch wenn Menschen im Frieden mit sich und den Dingen ihres Lebens und ohne Martyrium sterben, ist doch das Ende des Lebens dieses Menschen etwas, gegen das er und wir uns stemmen, solange die Kräfte reichen und es unter menschenwürdigen Bedingungen möglich ist.

Sterben ist endgültig. Nichts am Sterben ist zu beschönigen, nichts. Aber wahr ist doch auch: Nicht selten sind die

Trauernden, die am Bett stehen, verzweifelter als die oder der, die eben abgeschlossen haben und sterben. Auch deshalb ist das Mitleiden am Sterbebett ein so ambivalentes Motiv bei der Forderung nach einem Markt des legalisierten assistierten Sterbens auf Wunsch und Bestellung. Man liebt im guten Falle den sterbenden Menschen und will ihm und auch sich selbst dieses schwierige Sterben ersparen. Aber einen Weg in Richtung Beliebigkeit sollten wir an dieser Stelle nicht eröffnen. Lassen wir das Totsein auf sich beruhen, denn dazu gibt es nichts Neues zu sagen. Kümmern wir uns um das Leben und auch um das letzte Stück davon, das Sterben. So gut wir es nur können. Denn ja, es ist nicht egal, wie dieser Mensch stirbt, wie überhaupt Menschen sterben. Die allermeisten sterben, weil sie erschöpft sind und ihre Lebenskraft erlischt. Was lebt stirbt. Sterben zulassen heißt, diese Realität hinnehmen. In Trauer. Aber so gut wie nur möglich dem sterbenden Menschen helfen, insgesamt noch besser als wir es bisher tun. »Zeit haben für diesen konkreten Menschen in dieser Zeit.« Das sind die Schlüsselworte für diese Situation. Nichts anderes kann da wichtiger sein.

Ums Sterben geht es auch in dem höchstrichterlichen Urteil aus Februar 2020. Um die Möglichkeit nämlich, in Zukunft in Deutschland zum persönlich beabsichtigten Suizid die geschäftsmäßig angebotene ärztlich assistierte Beihilfe in Anspruch zu nehmen. Vom Gesetzgeber Bundestag war das mit seiner Entscheidung in § 217 Strafgesetzbuch im Jahre 2015 ausgeschlossen worden, was auf viel Zustimmung in der Gesellschaft stieß, aber auch auf deutliche Kritik. Beides beachtlich begründet.

Im Mittelpunkt des Urteils von Anfang dieses Jahres – und dementsprechend medial dargestellt – stand aber nicht die geschäftsmäßige Assistenz in ihrem Für und Wider, sondern das Recht jedes Menschen, sein Leben zu beenden, selbstbestimmt, ohne Begründung, jederzeit – das absolute Recht des Individuums, sich selbst zu beenden. Als am Thema Interessierter fragte man sich: Warum diese thematische Priorisierung?

Denn es ist doch bekannt: Das Recht auf Selbsttötung ist in Deutschland längst unbestritten. Suizidversuche sind nicht strafbar, ob und wie sie begründet werden oder auch nicht. Vom Selbstmord spricht schon längst niemand mehr, gut so. Respekt und Mitgefühl und Mitleid begleiten Menschen, die sich selbst ihr Leben nehmen oder es versuchen – jedenfalls ist das oft und vermehrt so und wird als human empfunden. Das ist es auch. Dass die Zahl der Suizide in vergangenen Jahren sinkende Tendenz hatte, ist ja kein schlechtes Zeichen für den Umgang mit diesem Thema in unserem Land. Diese Entwicklung hat ihre wesentlichen Ursachen sicher auch in der verbesserten palliativen Versorgung und in der Enttabuisierung psychischer Krankheiten und in deren Heilungsaussichten. Letzteres besonders bei jüngeren Menschen. Und – man kann es gar nicht oft genug sagen – die schon erwähnten aktiven Frauen und Männer der Hospizbewegung haben in den jüngeren Jahrzehnten eine Kultur und ein zeitgemäßes Berufsbild von »Sterbehelfenden« geprägt, die Betroffenen und Angehörigen Mut machen können für die letzte Lebensphase, das Sterben.

Das Urteil des Bundesverfassungsgerichts bringt uns in diesem schwierigen Thema – das es gibt, ja! – nicht weiter. Es bestätigt mit starken Worten einen Grundsatz, der unbestritten ist – das Selbstbestimmungsrecht jedes Individuums über sein eigenes Leben. Es bleibt aber missverständlich bis nebulös, was die Fragen praktischer Umsetzung angeht. Es unterstreicht den positiven Teil – die Selbstbestimmung –, aber enthält sich beim komplexen praktischen Teil weitgehend der Konkretisierung. Klärungsgewinn: null.

Abschließend stellt das Gericht knapp fest: »All dies lässt unberührt, dass es eine Verpflichtung zur Suizidhilfe nicht geben darf.«

Außer für den Gesetzgeber, der sie definitiv ermöglichen soll? – darf man fragen.

Was verlangt man Abgeordneten, die ihrem Gewissen verpflichtet sind, denn da ab?

Nach »staatlichen Suizid-Assistenz-Häusern«, die den antragstellenden Menschen den Sterbewunsch erfüllen müssen, hört sich das nicht an. Auch nicht nach vereinzeltem Handeln von Vertrauensärzten in Extremfällen. Was sollten die aber auch machen mit gesunden, schmerzfreien Menschen, die keine Begründung haben oder nennen, jedoch auf ihrem Sterbewunsch selbstbestimmt bestehen?

Auf brutal-schreckliche Methoden des Suizids sollen Sterbewillige ganz sicher nicht verwiesen werden. Natürlich nicht.

Das Gericht setzt auf den Markt, der alles regelt. Und nimmt als gegeben an, dass es freie Angebote auf geschäftsmäßige Assistenz beim Suizid in unserem Land schon gibt und geben wird und dass staatlicherseits nicht verhindert werden darf, beim Sterbewunsch diese Anbieter in Anspruch nehmen zu können. Wie gesagt: Begründungsfrei, wenn so gewünscht.

Es ergeben sich für den Gesetzgeber, wenn er denn auf das besagte Urteil reagieren will, mehrere Fragen:

1. Aber vorweg: Kann er es verantworten, ungeregelte Verhaltensweisen von Beihilfe zum Suizid (mit oder ohne Assistenz) stillschweigend geschehen zu lassen, nachdem das Gericht offensichtlich keine angemessene Frist vorgegeben hat für eine geänderte gesetzliche Fassung? Dass der Gesetzgeber Handlungsspielräume hat, wurde vom Gericht ja ausdrücklich erwähnt.

Seit Anfang August erfährt man aus den Medien, dass die derzeitige Regellosigkeit genutzt wird. Der Wildwuchs sollte nicht im Windschatten anderer Probleme zur Gewohnheit werden.

Wann reagiert der Gesetzgeber und wie auf diese Entwicklung?

2. Fragen, die sich dem Gesetzgeber für ein möglicherweise neues Gesetz stellen würden:

Was, wenn der Markt dieses Angebot doch nicht macht? Muss der Staat dann dazu ermuntern oder anweisen oder Existenzgründer fördern, damit das Selbstbestimmungsrecht nach BVerfG in Deutschland diesbezüglich gewährleistet ist? (Was, wenn auch der Drogenmarkt in voller Breite und unter Berufung auf die totale Autonomie des Individuums umfassendes Marktrecht einfordert?)

Aber wieder zum Thema: Bedarf es staatlicher Genehmigung für den Betrieb einer solchen Einrichtung? Auch staatlicher Aufsicht und Kontrolle?

Wie lange dürften Anmelde- und Abwägungsfristen und Therapieversuchs-Verpflichtungsfristen dauern? Bedürfte es in jedem konkreten Fall der Zustimmung durch eine staatliche oder zivilgesellschaftliche Ethikkommission? Müsste es ein detailliertes Protokoll geben und eine Schiedsstelle?

Könnten sich Betreiber aus anderen Ländern um eine Lizenz in Deutschland bewerben und unter welchen Bedingungen? Dürften alle Betreiber ihr Angebot bewerben, wo und wie?

Könnte bei dementen Menschen der Sterbewunsch mittels Vorsorgevollmacht eingebracht und erwirkt werden? Was gilt allgemein bei kognitiv geschwächten und / oder rechtlich betreuten Menschen?

Was bei Minderjährigen, was im Verhältnis Kinder und Eltern, was zwischen Ehepartnern?

Müsste es eine staatliche Kosten- und Gebührenregelung geben?

Einen Anspruch auf Kostenzuschuss staatlicherseits bei geringem Einkommen / Vermögen?

Dürften Krankenhäuser, Hospize und andere Einrichtungen solche »Assistenzbetriebe« bei sich angliedern?

Insgesamt: Dieses Urteil ist unbrauchbar für vernünftige und vermittelbare Lösungen. Aber: Wir dürfen die geschaffene neue Lage nicht ignorieren und uns nicht abwenden.

Dies scheint mir entscheidend: Die Menschen sind in ihrer großen Mehrheit für das Thema sensibilisiert und an einer klaren und verständlichen und menschlichen Lösung interessiert. Es gibt auch Klärungs- und Lösungspotenziale von erheblicher Wirkkraft zwischen den Interessen der Sterbewilligen und der praktischen Hilfsbereitschaft großer Teile der Gesellschaft.

Das führt zunächst zu den unterschiedlichen Beweggründen für persönliche Sterbewünsche: Bisher wird oft die Angst vor und die Erfahrung von großen / fürchterlichen Schmerzen angeführt, physischen und psychischen. Und Martyrien des Sterbens gibt es tatsächlich. Aber der Eindruck ist falsch, dass das die Regel sei. Die allermeisten Menschen sterben erschöpft, von Krankheiten und schwindender Lebenskraft gezeichnet. Das ist normal. Die allermeisten sterben »normal«. Auch weil unsere Palliativmedizin Schmerzen reduzieren und oft minimieren kann, bis hin zur Sedierung. Schönzureden ist das nicht. Sterben bleibt menschliches Elend. Aber es ist leichtfertig und unverantwortlich, Angst zu machen und zu dramatisieren. Allerdings stimmt auch: So einiges ist noch zu verbessern in der ambulanten und stationären Palliativarbeit! In manchen Regionen sogar viel. Das heißt: Menschen besser als bisher vor schweren Schmerzen zu schützen, vor denen sie Angst haben, verständlicherweise. Das wäre doch einen verbindlichen Richterspruch wert gewesen!

Diese Angst vor Schmerzen hat im Urteil kein besonderes Gewicht. Sie ist da nur ein Grund, und viele andere Gründe sind auch denkbar. Denn der Sterbewunsch soll ja nicht begründet werden müssen, sondern nur erhoben und mit einem Betreiber geschäftsmäßig umgesetzt werden können.

Liegt man so falsch, wenn man eine psychische Krankheit oder auch nur eine partielle Delle nicht ausschließen mag und empfiehlt, sich um Behandlung und Heilung zu bemühen? Was schwer sein kann und lange dauern, ja. Dass es aber oft Chancen für Heilung gibt. Wenn der konkrete Mensch, um den es hier geht, lebt. Nur dann.

Oder dürfen wir die Selbstbestimmung so aufblasen, das wir unser Desinteresse am anderen und dessen Sterbewunsch als, nun ja, selbstverständliche Variante des Lebens ansehen? Jede nach ihrer Art. Jeder nach seiner Art. Wie sie möchten. Bitte schön! Egal!?

Wie weiter vorne wiederholt gesagt: Menschen sind Unikate. Jede und jeder geht den eigenen Weg durchs Leben, auch im Sterben, das ein Teil des Lebens ist:

Ich begegnete vor einigen Jahren in einem Hospiz unvorbereitet einem 86-jährigen Mann. Er war, schien es, gut drauf und mit sich im Reinen und erzählte mir, man habe bei ihm nach mehreren gesunden Jahren wieder Krebs festgestellt, im fortgeschrittenen Stadium. »Ich lasse mich nicht operieren und ich mache keine Chemo mehr. Meine Frau ist einverstanden«, sagte er. Seine Frau war dabei und bestätigte das. »Was meinen Sie?«, fragte er mich. Ich wusste nicht. Ich habe die beiden aber gut verstanden. Das merkten sie auch. Es war ihre Sache. Er bereitete sich vor aufs Sterben im Hospiz, nicht auf ärztlich assistierte Beihilfe zum Suizid.

Ich kannte auch einen Mann, der sich selbst als Suizid-Aspiranten offenbarte, auch öffentlich, und der das für ihn leicht bezahlbare Angebot auf Assistenz von einem »erfahrenen Sterbehelfer« (»einigen Hundert geholfen«) vorliegen hatte für eine »sanfte Lösung«. Er setzte sich aber eines Tages hinter sein Haus und erschoss sich. Das erwähne ich, damit diejenigen nachdenklicher werden, die behaupten, das Angebot »sanfter Lösungen« würde die Sterbepraxis dramatischer Art vermeiden helfen und das sei doch immerhin ...

Eine Gruppe selbstbewusster (ob auch selbstbestimmter, das weiß ich nicht) Männer forderte vor einigen Jahren bei mir die Zustimmung zum ärztlich assistierten Suizid ein, damit man bei drohender Pflegebedürftigkeit selbsttätig abtreten könne. Man habe im Leben Verantwortung getragen und bestimmen können und wolle sich von anderen Menschen nicht versorgen lassen müssen und schon gar nicht sich »abwischen« lassen. Meine Reaktion: Nein.

Genug an Varianten.

Die Formel von der dominanten Selbstbestimmung darf jedenfalls keine Ausrede werden für Desinteresse gegenüber anderen und deren Bedarf an Zuwendung. Lassen sich Gefährdungen eindämmen, die den Menschen ihre Liebe zum Leben und die Lust daran verleiden? Ist die Mutmaßung, dass doch nur eine sehr begrenzte Zahl den Weg der Beliebigkeit wirklich nutzen würde, klug oder zynisch, wenn sie denn überhaupt zutreffend ist?

Oft passiert es, dass Menschen im Sterben zusammen mit ihren Liebsten und im realistischen Austausch mit ihren Vertrauensärzten über den Stand der Dinge den richtigen Zeitpunkt für ihr Sterben suchen und auch finden. Darf man sagen: gute Ärztinnen und Ärzte des persönlichen Vertrauens sind nicht nur Lebenserhalter und -retter, sondern können auch verantwortungsbewusste Helfer/innen auf dem Weg durchs Sterben sein, mit hohem hospizlichen und palliativen Können? Den gegebenen Tagen gutes, erträgliches Leben zu geben, ist wichtiger als dem Leben bedingungslos viele Tage. Wir müssen uns einlassen auf diese schwierige Abwägung. Gegen den Suizid spricht immer, dass er nicht korrigierbar ist. Dass der Sterbewunsch vom Abend am nächsten Morgen bei Sonne und Blumen und Bildern wieder verschwunden sein kann.

Ist es mit der Selbstbestimmung nicht doch wie mit der Freiheit, die nur bis an die Freiheit des anderen reichen kann und darf? Endet meine Selbstbestimmung nicht doch in der Mitverantwortung für den anderen? Und umgekehrt. Mir ist bewusst, dass diese Begrenzung der Freiheit und der Selbstbestimmung immer auch missbraucht werden kann. Ausschließen kann man das tatsächlich nicht. Dies ist wohl die Herausforderung, der wir uns stellen müssen und die nicht per Urteil aufzuheben ist. Aber Missbrauch kann es auch geben bei geschäftsmäßigem Suizid.

Wir sollten uns nicht ausruhen auf der Selbstbestimmung in Ich-Bezogenheit. Jeder Mensch muss die Erfahrung machen, dass andere Menschen mit ihm leben wollen. Leben ist anstrengend, manchmal langweilig, manchmal unerträglich. Und dass irgendwann die Plackerei des Lebensalltags enden könnte, kann man nicht versprechen. Aber die Chance gibt es, und zwar immer nur im Leben selbst. Das Votum heißt: Leben. Gemeinsam Gutes daraus machen.

Wozu leben: Ob das Leben einen Sinn hat? Wenn wir ihm einen Sinn geben. Mehr braucht es nicht. Aber das ist viel. Eine einmalige Chance. Auch das Älterwerden und Altsein sind gute Stücke Leben. Wenn wir sie wollen.

Vielleicht gibt es ja doch Fragen im demokratischen und menschlichen Miteinander, die sich selbst mit Grundgesetz und Oberstem Gericht nicht komplett befriedigend beantworten lassen und die wir – so wie die Dinge liegen – aushalten müssen. Jeden Tag neu.

Wir wurden nicht gefragt, ob wir auf dieser Erde und in diesem Leben sein wollten. Nun haben wir unsere Chance. Man gewöhnt sich dran und entwickelt Anhänglichkeit. Manchmal ist es anstrengend, aber irgendwie lieben wir es doch, das Leben. Und das hängt auch davon ab, ob wir Menschen kennen, die dazu beitragen. Manche zweifeln zwischendurch, manche verzweifeln. Aber wir sollten nicht im dritten Stock locker die Tür nach draußen öffnen. Es lohnt sich, im Leben zu bleiben. Zu helfen und sich helfen zu lassen.

Das Jahr 2020⁺

Das kleine Pluszeichen hinter der Jahreszahl ist keine Prognose, sondern meint ein Ziel, das anzustreben sich lohnt: 2020⁺.

Die landesüblichen Fragen, ob es wieder sein soll wie vor der Pandemie oder anders oder ganz neu, die sind wohl keine wirklichen Fragen, denn die Sache ist eindeutig. Aber sie brauchen doch eine Antwort mit klarer Tendenz. Und ein kleines Zeichen kann da nützlich sein.

Die Probleme, die sich angesammelt hatten bis Anfang 2020:

- Sorgen um unsere Demokratie,
- sich radikalisierender Extremismus,
- unzureichende Gleichwertigkeit der Lebensverhältnisse im Land,
- wachsende Spaltung in arm und reich,
- Sorgen um die Entwicklung in der EU,
- labile Perspektiven der Alterssicherung,
- Klima-Katastrophen-Risiko,
- Lücken bei pflegerischer Versorgung,
- unzureichende Integrationsanstrengungen,
- Nachwuchsprobleme in Handwerks- und anderen Berufen,
- internationale Fragen der Friedenssicherung,

die sind noch präsent.

Auch wenn sie durch die Pandemie teilweise aus den Schlagzeilen verdrängt waren, sind sie nicht obsolet. Das ist eindeutig und eindeutig ist auch: Weitere Probleme, die mit der Pandemie offensichtlich und massiv bis lebensgefährlich wurden und die mindestens virulent bleiben, sind hinzugekommen. Auch die massiven Sorgen um Arbeit und Finanzen und Prosperität, um Wohlstandsfähigkeit des Landes (und der Welt) dauerhaft. Das alles verschärft durch Unfähigkeit bis Skrupellosigkeit mancher Mächtiger in der Welt. Unsere Vernunft und unser gute Wille allein reichen nicht. Es wird anstrengend werden, ob wir es wollen oder nicht. Es zu verschweigen hilft nicht.

Entlastend vielleicht: Manches übliche Gestreite und Palaver zu Konflikten von mäßigem Tiefgang schrumpft erkennbar, die Lage ist existenzieller als gehabt, die Stimmung ernsthafter, leichtsinniger Übermut eher seltener. Der Eindruck wächst: Es geht um was, um viel.

Was kann bei dieser Lage das kleine Pluszeichen am Ende 2020$^+$ denn überhaupt bedeuten?

- Dass wir die Dinge nehmen, wie sie sind.
- Dass wir die Dinge aber nicht hinnehmen und nicht lassen, wie sie sind.
- Dass die Reise zielgerichtet weitergeht, mit Zuversicht.
- Dass wir die überkommenen Aufgaben und die mit Corona zusätzlich konkret gewordenen als vielfältig verbundene, in Gesamtverantwortung vernetzte sehen.
- Dass wir als Gesellschaft, als Staat und als Individuen gemeinsam Verantwortung übernehmen für diesen schwierigen Prozess des Wandels – dabei der Freiheit, der Gerechtigkeit und der Solidarität verpflichtet, unserem Grundgesetz gemäß.

2020 ist ein dramatisches Jahr, das in die Geschichte eingehen könnte als Katastrophenjahr oder Zeitenwendejahr, als in der Perspektive letzlich depressiv oder zuversichtlich. Das ist noch nicht entschieden.

Vernünftigerweise sollten wir wollen, dass 2020 kein verlorenes Jahr wird, kein unentschiedenes, sondern ein Startjahr.

Die Fakten und Übersichten können noch nicht alle komplett gesammelt, gesichtet und ausgewertet sein, weltweit, in Europa und bei Bund, Ländern und Kommunen, als dass jeder Handlungsbedarf und jede Chance auf eine gute Entwicklung offenkundig wären.

Wir kennen diese Situation schon immer, aber besonders aus den zahlreichen Schaltstellenterminen dieses Jahres 2020, als auch oft nach bestem Wissen und Gewissen bei Bund, Ländern und vor Ort entschieden und gehandelt werden musste, mit Hoffnung und mit Risiko. Wie immer: Die Abteilung Analyse und das Kommando Handeln konnten nicht gegenseitig bis zum Abschlussbericht und / oder Plan des anderen warten. Allen war klar: Nichthandeln gibt es nicht, sondern nur die Spanne zwischen totaler Passivität bis hin zur Hyperdynamik. Verantwortung aber gibt es auf jeden Fall für das ganze Spektrum und in jedem Augenblick. Dieser Situation entkommen wir nicht. Auch jetzt nicht und jetzt gerade nicht. Das heißt auch: Nachjustieren, das Entschiedene nötigenfalls zu korrigieren, um es zu optimieren, das kann sinnvoll sein. Kann! Handeln nach Beliebigkeit darf nicht daraus werden. Spontane Meinung und Wackelpeter sind keine Politik und keine Grundlage fürs Nachjustieren. Kompetenz und Verantwortungsbewusstsein sind wichtiger als je zuvor. Und 2021 stellen wir mit der Wahl Weichen.

Da ist das kleine Pluszeichen deutlicher Hinweis darauf, dass wir jeden Augenblick nutzen, selbst die 24 Schaltjahresstunden in 2020 zählen.

(Nebenbei: 24 Stunden sind 0,273 Prozent des Schaltjahres, 86.400 Sekunden. Die Zeitforscher sagen uns, dass die Gegenwart in unserem Bewusstsein drei Sekunden dauert und danach zur Vergangenheit wird und die bisherige Zukunft zur Gegenwart. Das alles natürlich im permanenten Gleiten. Wenngleich unser Gehirn hilft, den Eindruck einer Gegenwart zu wecken, auf der man stehen kann, wenigstens kurz und auf einem Bein. – Ich weiß, die Verbiesterten sagen: bitterer Galgenhumor. Ich streiche aber den Galgen. Locker bleiben, Leute. Das Schaltjahr nicht zu früh beenden.)

Natürlich wird es nicht wieder so, wie es war. Das ist aber nicht überraschend. »Markante« Ereignisse wie die Pandemie beeinflussen auch den üblichen Wandel in besonderer Weise, keine Frage. Wir dürfen nicht versuchen, die neue Komplexität und die Last der Entwicklung dadurch zu mindern, dass wir Teile der überkommenen oder der aus der Pandemie entstandenen Herausforderungen / Aufgaben / Risiken / Chancen auf später verschieben. Es wird anstrengend, alles gleichzeitig in den Blick und in die Hände zu nehmen. Das stimmt, ist aber unverzichtbar.

Stolze Worte und bombastischer Ton, in ihrer Allgemeinheit beliebig, höre ich. Ja – und provokativ. Keine Sorgen, dem Erdboden und dem profanen Alltagsgestrüpp entkommen wir nicht. Da sind wir ja längst und dem bleiben wir verhaftet. Die Erdanziehungskraft funktioniert. Die Weltanziehungskraft müssen wir schrittweise mobilisieren. Es gibt keine andere Chance. (Ich wünschte mir, Ulrich Beck könnte uns das jetzt genauer erklären.)

Und keine Illusion, die Pandemie und ihre Folgen werden dauern. Gut Ding will Weile haben, schlecht Ding auch, von Natur aus.

Aber ein Schaltjahr ist ein Schaltjahr, 2020 ein besonderes. Ein Pluszeichen am Ende des Jahres ist das kurze Kürzel für Zuversicht und die brauchen wir, nicht Pessimismus, der ins Verlieren verliebt ist, auch nicht Optimismus, der an den naturgesetzlich gesicherten Sieg des guten Gelingens glaubt. Aber Zuversicht, die den Versuch wagt, 2020$^+$, das wäre doch was. Oder darf man schon sagen: Das ist doch was?!

Mit diesem Büchlein sind einige Aspekte angesprochen zur politischen und gesellschaftlichen Debatte in Corona-Zeiten und danach. Auch mit dem Versuch, die Themen der Vorzeit und dieser Zeit sinnvoll zu verknüpfen. Denn sie haben eine Menge Überschneidungen. Gemessen an der Spannbreite und Komplexität der Themenbündel können diese Seiten aber nur ein bescheidener Beitrag zum großen Puzzle sein. Das ist mir bewusst. Aber genau so funktioniert das doch.
    Und ja, Politik ist wichtig, gute Politik. Aber auch Politik ist nicht die Priorität, sondern ist »angewandte Liebe zum Leben«, wie Hannah Arendt das nannte. Denn darum geht es, ums Leben. Und lebendig sind wir, wir Betroffenen und Beteiligten. Wir entscheiden. Und diese Einsicht wiederum führt hier zu einigen abschließenden Zeilen zu der großen Herausforderung, die uns Aufmerksamkeit und wahrscheinlich Mut abverlangt. Und in der sich viele andere Themen als wesentliche Aspekte unseres Lebens und der Zukunft auf der Erde wiederfinden: *DER WERT DER DEMOKRATIE.*
    Es geht um die entscheidende Sicherung der Substanz der Demokratie. Die Allgemeine Erklärung der Menschenrechte durch die UN 1948, die EU-Charta und unser Grundgesetz Artikel 1 sind da in Übereinstimmung und eindeutig. Alle Menschen sind frei und gleich an Würde und Rechten geboren. Und: Die Würde des Menschen ist unantastbar.
    In Zeiten ansehnlichen Wohlstands, wachsender sozialer Sicherheit, der versprochenen Anstrengungen um Klimaschutz und des Friedens immerhin in unserem Teil Europas – seit

Jahrzehnten also ist der Grundwert Gleichwertigkeit aller Menschen relativ leicht zu verteidigen, zumindest mit Worten. (Als 2015 ausnahmsweise einmal eine große Zahl von Vertriebenen und Flüchtlingen gleichzeitig in unser Land kam, war die Einmütigkeit aber schon nicht mehr so unbestritten. Im Gegenteil. War das die Stunde der wirklichen Wahrheit?)

Die alte Frage stellt sich wieder: Brauchen Wohlstand, soziale Sicherheit und Klimaschutz wirklich zwingend essenzielle Demokratie, die Gleichwertigkeit aller?

Auch die Populisten wissen um diese Frage und halten die Antwort für gestaltbar und für ihre Ziele (miss)brauchbar. Das gilt nicht nur für individualistische Freibeuter und für entschlossene Anhänger des ethnischen Nationalismus, sprich Faschismus. Es lässt leicht auch Menschen zweifeln, die schon vorher zu geringe Sicherheit spürten und die mit Corona nun definitiv in existenzielle Nöte geraten, was Nahrung, Einkommen, Arbeit, Gesundheit oder Klimaperspektive angeht.

Was gilt nun: »Und weil der Mensch ein Mensch ist, drum braucht er was zu essen, bitte sehr ...« und »... heile Umwelt« und »... Gesundheitsschutz«?

Oder: »Und weil der Mensch ein Mensch ist, drum hat er Stiefel im Gesicht nicht gern ...«?

Was sind parlamentarische Demokratie, freie und gleiche Wahl, Pressefreiheit und die Würde aller (und nicht nur aller im eigenen Land) wert, wenn reale Nöte die konkrete Existenz bedrohen? Wenn eine Pandemie die komplette Erde in den Schwitzkasten nimmt?

Nicht leicht zu beantworten. Aber auch nicht so schwer, wie die Populisten unserer Tage hoffen. Die Freiheit und die Menschenwürde sind dem Wohlstand und dem Klimaschutz nicht im Wege. Sie haben Substanz, und das Teilen hat auch Vorteile, die sich sogar für alle rechnen. Das ist ein erlaubtes Argument. Aber – und das ist immer entscheidend – nur wenn alle, die können, beitragen. In Sachen Freiheit wie bei Gerechtigkeit und Solidarität. Wir sind mit der gelebten Demokratie in einer Bewährungsprobe. Wir dürfen uns nicht einreden lassen, Freiheit für alle und existenzielle Sicherheit seien Alternativen. Wir wollen beides: Brot und Rosen. Möglich ist das.

Die Menschheit stellt sich ihre Weichen.

Es gibt zu tun.

Die Gedanken sind frei ...

Wer möchte schon Eklektizist sein? Schwierige Frage. Oder auch in Wirklichkeit keine schwierige Frage. Niemand natürlich. Wobei Nach-Denken eigentlich unproblematisch ist, außer mir merkt das ja niemand.

Aber man gibt der Klarheit wegen doch besser zu, dass man mit seinem bisschen Denken und Wissen nicht bei Adem und Eva angefangen hat, sondern aufgebaut hat auf und abgekupfert hat von dem, was die Mutter, die achtklassige Volksschule, Albert Camus und das Leben so angeboten haben, Gesprochenes und Geschriebenes. Was, ein paarmal umgerührt, auszusprechen und aufzuschreiben man sich traut. Das Originelle – Eigentliche und Schöpferische – daran ist das Umrühren und das Würzen. Mehr nicht. Lohnt es sich, das öffentlich zu machen? Darüber kann man streiten.

Jedenfalls führt es zum Kern: Die Freiheit der Gedanken ist ein hohes Gut. Mögen diese auch alle schon in anderen Köpfen gedacht sein, vieltausendmal. Was ändert das am Leben, an den Realitäten, die von uns Menschen gestaltet werden? Das ist die Frage, mit der wir uns herumzuschlagen haben. Solange wir die Zuversicht haben, dass was Gutes aus dem Leben, dem eigenen und dem aller anderen, werden kann, muss man sagen und schreiben, was man dazu weiß. Und hoffen, dass man beitragen kann zum Gelingen. Eklektizismus hin oder her. Richtiges, das viele wissen, hilft. Also vielleicht einen kleinen Hinweis geben, wo man Gedanken und Splitter davon gesucht und aufgelesen hat oder auch abgelegt hat.

Und hoffen, dass diese Methode nicht aufgegeben und nicht durch 240 Zeichen ersetzt wird.

Deshalb nachfolgend ein Auszug von Buchtiteln, aus denen ich möglicherweise was abgeguckt und auf Tun getrimmt habe.

Manche werden es besser wissen, manche empört sein, manche lächeln – alles in Ordnung. Aber machen Sie mit. Wo immer es sich ermöglicht. Es endet mit einem Wort, das nicht in Mode ist, das ich aber mag und für unschlagbar gut halte: Ergreift Partei!

Es folgen Nennungen von Büchern, die ich in diesem Jahr (mal wieder teilweise, manche) gelesen habe und die ich empfehlen kann:

Grundgesetz für die Bundesrepublik Deutschland

Adorno, Theodor W. – Aspekte des neuen Rechtsradikalismus

Arendt, Hannah – Die Freiheit, frei zu sein

Baumann, Zygmunt – Die Angst vor den anderen

Baumann, Zygmunt – Das Vertraute unvertraut machen

Bebel, August – Aus meinem Leben

Beck, Ulrich – Die Neuvermessung der Ungleichheit unter den Menschen

Beck, Ulrich – Macht und Gegenmacht im globalen Zeitalter

Beck, Ulrich – Die Metamorphose der Welt

Crouch, Colin – Postdemokratie

Crutzen, Paul J. / Müller, Michael – Das Anthropozän

Fromm, Erich – Die Furcht vor der Freiheit

Fromm, Erich – Den Menschen verstehen

Grosser, Alfred – Le Mensch

Heller, Andreas u. a. – Die Geschichte der Hospizbewegung in Deutschland

Hüther, Gerald – Raus aus der Demenz-Falle!

Hüther, Gerald – Würde

Korte, Martin – Jung im Kopf

Kursbuch I 1965 – Peter Weiss – Frankfurter Auszüge

Lessenich, Stephan – Neben uns die Sintflut

Levitzky, Steven / Ziblatt, Daniel – Wie Demokratien sterben

Popper, Karl R. – Alles Leben ist Problemlösen

Plötzl, Nobert F. – Der Treuhand-Komplex

Pöppel, Ernst / Wagner, Beatrice – Je älter desto besser

Reckwitz, Andreas – Das Ende der Illusionen

Reckwitz, Andreas – Die Gesellschaft der Singularitäten

Rosanvallon, Pierre – Die gute Regierung

Rosanvallon, Pierre – Die Gegen-Demokratie

Runciman, David – So endet die Demokratie

Wallace-Wells, David – Die unbewohnbare Erde

Weiß, Volker – Die autoritäre Revolte

Wiebicke, Jürgen – Zehn Regeln für Demokratie-Retter

Wirtz, Christiane – Neben der Spur

Franz Müntefering

UNTERWEGS
Älterwerden in dieser Zeit

224 Seiten
Klappenbroschur
23,00 Euro
ISBN
978-3-8012-0543-0

Älterwerden heißt leben. Das ist eine spannende Sache. Und für die meisten von uns geht sie länger als jemals zuvor in der Geschichte der Menschheit.

So ergibt sich Gelegenheit, unterwegs zu sein, sich einzumischen, Mitverantwortung und Selbstverantwortung zu übernehmen und zu sagen, wohin die Reise geht.

Das Alter und die Älteren, ein Problem?
Sie sind auch die Lösung.

www.dietz-verlag.de